华惠 ◎ 主编

「辅国良臣」

正气凛然

海瑞

辽宁人民出版社

图书在版编目（CIP）数据

正气凛然——海瑞 / 华惠主编. —沈阳：辽宁人民
出版社, 2017.4
（辅国良臣）
ISBN 978-7-205-08946-7

Ⅰ.①正… Ⅱ.①华… Ⅲ.①海瑞（1514-1587）-传记
Ⅳ.①K827=48

中国版本图书馆 CIP 数据核字（2017）第 017821 号

出版发行：辽宁人民出版社
　　　　　地址：沈阳市和平区十一纬路 25 号　邮编：110003
　　　　　电话：024-23284321（邮　购）　024-23284324（发行部）
　　　　　传真：024-23284191（发行部）　024-23284304（办公室）
　　　　　http://www.lnpph.com.cn
印　　刷：北京晨旭印刷厂
幅面尺寸：710 mm × 1000mm
印　　张：14.75
字　　数：210 千字
印　　数：1～6000
出版时间：2017 年 4 月第 1 版
印刷时间：2017 年 4 月第 1 次印刷
责任编辑：陈　昊
封面设计：侯　泰
版式设计：桃　子
责任校对：解炎武
书　　号：ISBN 978-7-205-08946-7

定　　价：43.80 元

前言

中国历来都是一个泱泱大国，拥有上下五千年的历史，在源远流长的历史中出现过许许多多的人物，本书所要说的是明朝的"海青天"海瑞。

本书按历史年轮展现给读者。全书共有十章，从海瑞的出生到死亡的时间顺序一幕一幕地展现在读者的面前，让读者更好地去了解海瑞这个人的一切，了解我们中国历史上不可多得的清廉公正的楷模。本书用通俗易懂的语言，从人物的家族溯源、成长背景、经历的事件、心理变化以及对历史的贡献等方面介绍，让读者比较全面地了解海瑞这个历史人物。如果您耐心读完此书，我相信您会有意想不到的收获。

唐太宗说过：以铜为镜，可以正衣冠；以史为镜，可以知兴替；以人为镜，可以明得失。

历史最大的作用不 是了解过去，而是以对过去的了解来让自己明白"现在"该怎么做，从而改变"未来"。

历史上的海瑞以其正直清廉、不畏强权、为民请命的形象，活在中国人民的心中，后人美其名曰"海青天"。的确，海瑞具备了清官各方面的特点，既能通过事物的现象看本质，还可以不考虑任何外来因素，不考虑个人的得失、生死，坚持按原则、按是非办事，真可谓清明、清正。海瑞无论是在朝在野，无论品位高低，始终都是布袍食粟，不图锦衣玉食，不与官风不正、学风不正、为富不仁者交往，可谓清廉、清介。由此可以看出，不管从哪个方面来看，海瑞都是一个经得起考验的清官。

在海瑞生活的时代，老百姓当中流传着这样一段称颂他的歌谣："海刚峰，不怕死，不要钱，不吐刚茹柔，真是铮铮一汉子！""不吐刚茹柔"，意思是不吐出硬的、吃下软的，它高度评价了海瑞不吃软怕硬的硬骨头精神。

目 录

第 一 章
童年坎坷　少年立志

海瑞出生于官僚世家，4岁丧父，与母亲相依为命。母亲谢氏，不仅勤俭持家，而且非常重视对小海瑞的教育。自小就寻觅好的先生教导，海瑞从4岁开始就接受儒家经典的教育，而海瑞也是发愤图强，少年立志，立志成为圣贤之士，一生实践着儒家"天行健，君子以自强不息"精神。

第二章
立志圣贤 砥砺成才

家世和少年时期的家境塑造了海瑞成年之后政治生涯的坚强的意志，虽然经历了两次考试落榜，但并没有改变海瑞的意志，反而更加坚定了他立志朝向儒家圣贤的信念，几经周折，最终砥砺成才。

第三章
端正学风 从严育人

海瑞任职教谕的时候，曾经说过："教官掌一邑之教，一邑之臃肿薄质，俱赖其陶成。"海瑞认为教育工作的好坏直接关系到社会风气的好坏，因此，他首先对教师提出"以严师自处"的要求，而且还为县学制定了《教约》等等。

正气凛然

第四章
苛求自己 勤政爱民

海瑞在其管制的官府内，要求下属官员勤俭施政，不浪费一分钱。而且，他还针对当时的各种有损民生的不合理制度进行了改革，制定了著名的《兴革条例》，并且对过去的一系列不合理的制度进行了大刀阔斧的改革。

海瑞

第五章

不惧权贵　公正断案

在明世宗和明穆宗时期，奸佞当道，忠良受害，朝政一片混乱。对于那些仗势欺人的权臣，海瑞是深恶痛绝，经常予以抨击，毫不妥协，并且海瑞还是一个原则性很强的人，他处事公私分明，绝不以公徇私。

第六章

敢于直言　舍命进谏

海瑞为官清正，所做的每一件事都是从国家、人民的利益出发，没有谋取个人利益的私心，他认为有损国家、人民利益或者是于理不合的事情，都会挺身而出，坚决反对，甚至是面对的人是当时的皇帝，海瑞也是备棺上疏，舍命进谏。

第七章

颁布条约　一心为民

关注民生，为民做主，这是海瑞一生中都念念不忘的事情，早在入仕之前他就已经牢牢树立了这一思想观念，所以在他为官期间，颁布了《劝农文》、一条鞭法等各种对当时的人民非常有利的条约。

第 八 章

得罪权贵　罢黜回乡

由于海瑞一心为民，为官清廉，为人更是正直不阿，遇到对国家和人民不利的事情，就一腔热血地去为人民争取更大的利益，因为他这样的性格，所以在当时得罪了不少人，最终因为得罪权贵，被罢黜出乡。

第 九 章

再次入仕　风采依旧

直到万历十三年（1585）正月，已经73岁高龄的海瑞才被授予一个闲职——南京都察院右佥都御史，得到这个圣命之后，海瑞又是马不停蹄地去上任，上任之后依旧不改刚正不阿的性格，依然是一心为民。

正气凛然

海瑞

第十章
一生清廉　千古留名

海瑞的一生是为国为民的一生，是与豪强、奸官斗争的一生，也是清廉自律、深受百姓爱戴的一生。不管各个时期的当权者们对海瑞是抱着什么样的态度，但是在民间，在老百姓的心中，对海瑞的崇敬和怀念始终都没有改变过。

第 一 章

童年坎坷　少年立志

　　海瑞出生于官僚世家，4岁丧父，与母亲相依为命。母亲谢氏，不仅勤俭持家，而且非常重视对小海瑞的教育。自小就寻觅好的先生教导，海瑞从4岁开始就接受儒家经典的教育，而海瑞也是发愤图强，少年立志，立志成为圣贤之士，一生实践着儒家"天行健，君子以自强不息"精神。

家世溯源　诗书世家

　　明武宗正德八年，在当时的广东省琼州府琼山县左所（现为海南省琼山市府城镇金花村），海瀚家添了一个儿子，因为是中年得子，取名瑞，意为吉祥的意思，字汝贤，希望这个孩子全面掌握仁、义、礼、智、信的精髓，成为一个正人君子。

　　不过，海瑞本人却对自己的籍贯有另一种说法，他在晚年所写的《乞终养疏》和《自陈不职疏》中，一直声称自己是"原广东海南卫，籍番禺县人"。他的这一说法在明代就已经被士大夫所解说，当时人们在给海瑞写传记的时候几乎都认同海瑞的说法，如梁云龙的《海忠介公行状》里就说海瑞"隶籍番禺，今为番禺人"，黄秉石的《海忠介公传》也说海瑞为"广东南海卫籍，番禺县人"，这是什么原因造成的呢？

　　原来是因为海瑞的祖先自宋代以来就是一个有名望的世家。据海瑞的家谱记载，海瑞的入粤始祖为海俅，是南宋时期的福建人，当时大约是一个军队的小头目，当他从福建随军来到广东番禺县驻防，并在驻防地娶了杨家的女儿为妻之后，夫妻俩就生儿育女，在广东番禺生根繁衍了。其祖先也通过科举考试不断提升在当地的社会地位，海俅的儿子海钰当过惠来县训导一职。海氏入粤三世祖还出过庠士，四世出过冠带。由此可以得知，海瑞的祖先在进入广东以后，其家族通过科举已改变了军人的身份，进入到官僚的行列里了，并且逐渐向有一定社会地位的官宦家庭演变。

正气凛然

海瑞

不过为什么海瑞的祖先好好地生活在番禺，怎么在明代又跑到海南岛去安家落户了呢？原来明代开国皇帝朱元璋在推翻元朝统治后，统一了全中国，洪武二年的四月份，朝廷将元朝时属于江西和湖广行省管辖的广东道改为广东等处行中书省，习惯上简称为行省或省，并将自唐宋以来，常与广西划属同一大政区的高州、雷州、廉州、琼州一带，改隶广东省管辖。广东单独设省，结束了广东在以往历史上隶属于不同行政区的分割状况，对广东社会经济文化的发展，起到了重要的作用。

海南属于明代的琼州府，一直隶属于广东省管辖。同时，海南因为地处边疆地区，也被纳入到明朝强化边疆管理措施之中。

洪武十六年（1383），朝廷为了加强军事统治，在海南设卫、所，从内地派遣军队开往海南岛，执行保卫海疆安全的任务，卫所实行兵农合一的屯田制度。海瑞入粤五世祖海答儿，就是随这支军队到达海南岛的。海答儿对国家的忠诚和平日的刻苦勤奋，很快就赢得了海岛驻地上一个少女的芳心，两人经过一段时间的相恋，终成眷属，从这以后，海答儿就在海南岛落户安家，成为海瑞家族在海南的始迁祖，海家这一支系也就在海南生根发展了。不过，海家可能从来也没有放弃籍贯是广东番禺这一想法，所以在一百五十多年之后，海瑞在各种场合还是牢记自己是广东番禺人。

而且根据近年来的研究者们通过对各种史料的分析研究，现在大都认为海姓在中国古代汉族中极为罕见，所以一般的说法是海瑞是回族。梁云龙是海瑞的亲戚，为海瑞所写的《海忠介公行状》也说："其上世以来未详。"就是说对海瑞的家世源流具体情况不太清楚。宋代泉州是著名的国际通商口岸，海俅的祖辈极有可能是由海外到泉州经商的商人，后来定居福建。元代有好几个海答儿，都是回族。因为海答儿的名字明显是穆斯林的称谓，他们由此断定，海氏家族是穆斯林后裔，海瑞应具有回族血统。现在这一观点也已经逐渐被人们认同，宁夏回族自治区首府银川的宁夏回族自治区博物馆内举办的"回族民俗文物展"陈列室中，就将海瑞作为回族历史名人与郑和等摆放在一起，并且1982年宁夏人民出版社将王孙编著的《海瑞》，列入"回族历史人物故事丛书"出版。

虽然海南的海瑞家族世系发展状况目前尚无详细而明确的说法，不过根据清末王国宪在《海忠介公年谱》中的考订，我们大致可以了解海氏家族自入琼始祖海答儿以后，"科甲继起，为海南望族"。也就是说海氏家族入琼始祖只是戍守边疆的一名普通士兵，而且也没有任何资料证明他立过什么赫赫战功，那么海氏家族之所以能成为海南望族，就只能是通过明朝国家选拔人才的制度——科举考试。换句话说，海家到达海南后，并不是一味地以武为职，而是积极地从文参加科举考试。唐宋以来，实行科举考试，只要你有本事通过层层选拔的科举考试，就有机会晋升到官僚集团的行列。

明朝沿袭隋唐以后的科举考试制度，选拔所需要的官僚人才，科举制度发展到明朝愈益完善。在某种意义上来讲，不管什么人，也不管出身如何，只要能通过国家举行的层层选拔人才的科举考试，就有可能跻身官僚集团的行列。由于明朝实行严格的国家标准化考试，且中式之后，立马就可以授予官职，这对于普通民众的孩子来说，无疑是改变自己和家族社会地位的一个绝好机会。因为一个人若能通过科举考试而进入官场，其家族自然也会荣光无限。海瑞家族之所以能成为海南望族，就是因为其族人是"科甲隆起"，人才辈出。

海瑞的父亲海瀚，参加过科举考试中最低级别的童试，考上了秀才，而且成绩属于优等生，当时叫廪生，由官府每月发给一定数额的粮食，用今天的话来说，属于公费带薪的学生。不过海瑞的父亲后来却没有一官半职，直到海瑞出了名之后，他才被追封为承德郎尚宝司司丞，晋赠中宪大夫南京通政司右通政使、都察院右副都御史。

正气凛然

海瑞

海瑞的曾祖父海福因中举而被朝廷敕封为福建松溪县知县，祖父海宽则在景泰七年（1456）参加了琼州府举办的科举考试，中了乡荐，也被分配到福建松溪县做知县官职。堂伯父海澄在成化十一年（1475）考中了乙未科赐进士，官职为四川道监察御史，还有一个堂伯父叫澜考中了弘治五年（1492）壬子科的举人。

海瑞的侄儿海鹏也考取举人，官至处州（今浙江省丽水市）推官，"其余明经，庠士数十人。一门之内，才德彬彬，为海内鼎族"。海氏一门，在海南也算得上是一个诗礼传家的世族了。海瑞自幼在这样的一个家族环境中成长，从小就被家族浓浓的读书文化氛围所熏染，对形成他一生的精神风貌，当然会起到一定作用。

从海瑞的家世可以看出，至少从南宋开始的海瑞的祖先就通过参加科举考试而世代不断地出现官员，尽管他们的官阶不是很高，而且越来越呈现向下走的趋势，但是他们都在为天下百姓服务。由于是科举考试，海瑞的祖先们都是文官出身，所以，海瑞作为官宦世家的后代，自然会受为民思想的影响。关于这一点，海瑞也曾经在《规士文》中对自己的家世出身这样表白："某身非淄黄家亦士族。"海瑞祖上的士族世家身份为海瑞后来以天下为己任、忠于王朝打下了厚实的文化底蕴。

童年坎坷　母爱伟大

海瑞的青少年时代，正赶上明王朝中叶社会发生急剧转变的时期，由于商品经济的高速发展，统治阶级变得更加贪婪腐朽，社会矛盾不断加剧，社会危机日益深重，边防力量也受到严重的破坏。嘉靖以后，外患愈益严重，一是生活在北方蒙古草原的蒙古俺答部，不断进攻中原地区；二是东南沿海的倭寇之患也达到高峰，沿海各省从江南一直到广东，包括海南岛在内，都曾受到倭寇的祸患，倭寇甚至深入内陆，扰乱人们的正常生活，隆庆以后，小规模倭寇还经常骚扰沿海各地。这一时期由于社会贫富分化的加剧，社会矛盾也十分尖锐，各地不时发生民众武装暴动。

海瑞

正气凛然

海瑞

与此同时，明朝对边疆地区的少数民族一向采取高压政策，也引起少数民族的反抗。即使在远离朝廷的海瑞家乡海南岛琼州府，嘉靖以后也发生过多次黎族人民的起义。

海南岛的黎族问题一直是官府头疼之大事，由于黎族在整个海南人口中占有相当大的比重，因此治理黎族成为政策以及在海南为官者一个紧迫而重要的问题。海瑞曾对养育自己的故土有这样一个说法："国初至今，言官琼者，必以治黎人为一急事。"海南的"黎乱"，在明代成化以后较为频繁。明成化年间，朝廷在海南设立分巡道，这对海南发展经济原本是一件好事，然而，许多官员到达海南上任后，并不是想着怎样去造福百姓，只是把海南当作跳板而已。海瑞在《赠史方斋升浙藩大参序》中说道：这些官员到海南后只是希望在任满后，能达到升迁他处，海南的吏治没有任何好转，"官则利"、"民无利"，百姓的怨恨有增无减。更有一些官员在海南敲诈勒索，引起百姓的极大愤恨。海瑞在晚年时曾说，海南民间社会数十年中一直流传着"军门罪我劫掠，军门劫掠犹我"的说法，所谓军门就是地方督府兼巡抚且又掌管兵权的官员。正是在这样的背景下，有明一代，海南大小黎乱不断，越到后期

规模越大，持续的时间越长，涉及的地域也越广，"黎乱"范围几乎遍及整个琼州府地区，其中弘治、嘉靖、万历年间的黎族反抗活动，构成了明代中后期"黎乱"高潮。明王朝为此几度派大军征剿这些黎族的起义，耗费了巨额的资财。而黎族人民频繁的起义活动，既说明明王朝对黎族统治政策存在问题，也反映了明中叶以后社会矛盾的加剧呈现普遍化趋势。明朝海南岛爆发的这些黎族起义，在海瑞的成长历程中打下了深深的烙印，他对家乡尤其是对黎族百姓的关注，始终缠绕在心头，在他后来历次参加科举考试中，每次的时论性考试科目，都以海南黎族治理为中心进行答题。

海瑞虽然出身于官僚家庭，但他在童年时期的家境并不富裕。虽然海瑞的家族是"科甲隆起"，但他的父亲并没有从科举走向官场。根据海瑞自己在《与琼乡诸先生书》中的回忆，他的父亲海瀚"不治生产，安贫乐道"，又说父亲"性警敏不羁，不事家人生业，相励互持，能使内外不致乏绝"。就是说父亲是在和母亲的相互支持下，才使家庭经济勉强维持，这也反映了海瑞幼年时的家庭经济状况并不好。由此看出，海瑞的父亲可能是个有点思想的个性禀性又比较正直的读书人，所以在禀生阶段一直没有机会在更高级别的科举考试中入围。然而，长期饱读圣贤书，使他对社会经济生活的发展已经有了疏离感。他既不会生产也不会理财，只好带着全家过着所谓"安贫乐道"的清苦生活，即使这样，海瑞也没有完全享受到父亲的厚重之爱，在海瑞4岁时，父亲因病去世。自此，4岁的海瑞就和母亲相依为命，过着寡妇孤儿两个人的贫苦生活，海瑞就是在这样一个单亲家庭中成长起来的。

本来他们家的经济状况就不好，父亲去世以后更是每况愈下。不过，也许是祸福相依的缘故，海瑞的童年又是较为幸运的，虽然父亲过早地离开家庭，他和母亲仅能依靠祖上留下的一点薄地为生，不过母亲谢氏是一位非常聪明能干的女性，粗通文墨，性格坚强。由于海氏家族是书香门第和官宦之家，母亲非常重视对孩子的教育问题。丈夫死后，她一个人独立操持家庭生计，除了纺纱织布、编织草鞋用来帮补家计外，从不放弃对海瑞的教育问题。自海瑞4岁起，她就用自己有限的文化知识教海瑞认字诵诗，还给海瑞讲解有关历史名人如苏东坡等人在海南的活动情况，同时还给他讲明朝家乡先贤邱浚的故事。海瑞母亲这样做的目的无非是希望通过名人先贤的事迹来激励海瑞从小就刻苦读书，长大后能立志做大事，造福天下百姓。

海瑞是独子，家中没有兄弟姐妹，他在《乞终养疏》中自述："原父止生臣人，别无以次兄弟。"海瑞没有兄弟姐妹，这在某种意义上说，也就是减轻了母亲操持家庭生计的担子，使得母亲在维持家庭生计的同时也能够一心一意来督促海瑞的学习。海瑞在母亲的教诲下始终以前人先贤为学习榜样，树立造福天下黎民百姓为己任的人生观。在成年之后，海瑞对母亲的教育仍感恩不已。

当海瑞赴京参加会试时，曾写《与琼乡诸先生书》回忆自己幼年时母亲培育自己的艰辛历程。他说：满4岁，母亲谢氏也只是28岁，但是她在家庭非常坚强能干，善于勤俭持家，担当起亦父亦母的双重家庭角色，母亲既辛勤劳作、节衣缩食，照顾幼年"苦针裁，营衣食，节费用"，又关心海瑞的文化启蒙教育，决心把海瑞培养成为一个对社会有用的人才。所以，母亲对海瑞的启蒙教育非常重视，不分白天黑夜督促海瑞努力学习，"日夜同瑞寝处"，目的就是"督瑞学"。在海瑞幼小的时候，母亲就亲自向他口授《孝经》《大学》《中庸》等当时通行的儿童启蒙读本，"盖母幼粗识书史语，瑞少学，口授《孝经》《学》《庸》等篇"。随着小海瑞年龄的不断增加，母亲意识到自己有限的知识很难以继续教育他，于是又到处为海瑞寻访良师指点，"托之严明之师，以琢以磨"。海瑞在青少年时期的成长正是在得到母亲良好的家庭教育与严师的文化教育后逐渐接受了儒家经典思想，从而在幼小的心里

正气凛然

海瑞

埋下了民的思想。

海瑞母亲对海瑞的学习要求一直十分严格，这大概就是我们现在说的所谓单亲家庭的母亲望子成龙心情迫切的缘故吧，母亲希望海瑞通过读书参加科举考试的成功，给家族带来荣誉，提高自己在家族以及当地社会的地位，因此母亲对海瑞的管教从未放松过，全身心地关注海瑞的学习，发现少年海瑞贪玩嬉闹，母亲就会严厉加以批评教育，"戏谑，必严词正色诲之"。海瑞母亲对儿子的教育，能和古代孟母三迁故事相媲美。应该说，在海瑞青少年的成长历程中，海瑞母亲有着很重要的作用，海瑞自己也是这么认为的。多年后海瑞回忆说，母亲在自己的成长过程中"兼有父道"的角色，他认为自己之所以在幼年时期就能受到很好的教育全是母亲的功劳，"瑞今日稍知礼义，勉自慎饬，若非冲年背父者，尽母氏谆谆开我之力也"。海瑞45岁的时候仍然对母亲在幼年时对自己的教育记忆犹新，感恩不尽。在向朝廷上《乞终养疏》时，就要求回海南侍奉已经78岁的老母亲，他说："臣甫四岁，父瀚不幸早逝，母谢氏年二十八，誓自砺守，勉针指纺织，资之育臣、教臣、至有今日。"对母亲的报答，成为海瑞一生中最大的情结。而海瑞对母亲尽孝的心态，在他为官期间，也是对儒家做人原则的放大。

海瑞因为在幼年时期受到的儒家教育，因此始终坚持在家尽孝，出仕尽忠，这一思想也成为他后来出仕处世的世界观。在他以后的从政历程中，始终是抱着为朝廷尽忠的观念，不留情面地惩治罪恶、打击豪弱者，目的就是希望通过自己的努力能使大明王朝江山永固。但海瑞的这一尽忠观念已经是与当时的官场风气格格不入，这也导致了他日后在官场不与人同流合污而被打击的一个因素。不过每当海瑞遇到排挤打击之时，就以能回家侍奉母亲以尽儿子的孝道安慰自己，这都归结为海瑞从小耳濡目染母亲的生活经历以及接受儒家教育的关系。从这一点来看，海瑞的母亲就是了不起的伟大女性，她能在丈夫死后从不气馁，尽管家庭经济状况并不富裕，但她却勇敢地担当起了严父与慈母的双重家庭角色。可以想象一个年轻的寡妇和一个年仅4岁的小男孩的生活，家庭经济来源又完全依靠一个女人的纺织来维持，同时又要苦心培养一个活泼顽皮而又不懂世事的小男孩教育成长，这是何等的不容易！也因此，这种艰辛的生活，反而更加突出了海瑞母亲个性的刚强。母亲通过自身的自强不息和乐于牺牲奉献的人格魅力以及刚强的性格，逐渐地浸润了海瑞幼小的心田，对孩提时代的海瑞人格塑造无疑打下了深深的烙印，无形之中也塑造了海瑞在成长过程中的独立、刚强与奋发向上的人生品格。

少年立志　尊崇圣贤

因为母亲的谆谆教导，海瑞从小就奋发读书，年少有志，发誓日后一旦做官，就要做一个不谋取私利、不谄媚权贵、刚直不阿的官，因此自号"刚峰"，取其做人要刚强正直、不畏邪恶之意。

在海瑞十多岁的时候，就已经长成了个颀秀挺拔的少年，也因此他开始对世界、对人生有了自己的独到见解，并立下了大志，要成为孔子孟子一样的圣贤之人。这是有史料记载的：一次，他同几个朋友一起聊天说："谓圣贤千言万语，只是欲人识其真心。率其真而终身行之，便是圣贤。"意思是说，孔子孟子讲了许多道理，关键是要能够真正按照他们所说的那样去做。如果能够持之以恒、真心实意地按照孔孟之道去做，任何一个人都能够成为圣贤。海瑞非常鄙视凡夫俗子的市侩作风，说："昧其真而馁其浩然之气，不免与俗相为浮沉者，乡愿也，非圣贤也。"在他看来，如果不能言行一致地履行孔孟的教诲，则必会堕入市侩的行列，那这辈子也甭想成为什么圣贤之士了。但是可惜，"今天惟乡愿之教，入人最深"。在世风日下的世道里，海瑞发誓要当圣贤而不当乡愿，不当市侩俗子。在当时，这位年仅13岁的少年就为自己立下了一份座右铭："瑞乎，汝知汝之托形于天地间者乎？天会完节，汝须完之。毋宫室妻妾动心；毋凶凶易操；毋财帛世界，而中流不砥；毋对人语雄，而愧影愧衾；毋质冕裳、参狐貉，而有媚心；毋疚中而气馁；毋矜能而讳医；毋自许穷天地亘古今而不顾者，而终或不然。有一于此，不如遄死。"其意思大概是：海瑞啊，你自己要记住，你是天地作合的产物，应该还给苍天一个完美无缺。即使有机会得到美女豪舍也不要动心，不要随意改变自己立下的行为准则，不要被世间财富所诱惑而放弃原则；不能光说不干，结果看见自己的影子甚至晚上睡觉都不能踏实；不要看见别人穿着华丽服饰就自觉寒碜；不要无端自我贬低，说话没有底气；不要讳疾忌医；不能连顶天立地的事想都不肯想一下。凡犯有以上一条，不如一死为快。这一段言语，非常明确地表现出了海瑞对待人生的态度，是海瑞人生观的写照。

海瑞祠

明万历十一年（1583），海瑞的侄女婿、进士梁云龙曾有这样的说法："稍知识，直欲学做圣贤。而纷纷世态，皆无当于心。以圣贤教人，千言万语，只是欲人识其真心。率其心而明目张胆终身行之，卓然不牵于俗者，圣贤也。昧其真而馁其浩然之气，不免与俗相为浮沉者，乡愿也，非圣贤也。……故其平生所学，惟务识真，必为圣贤，不为乡愿，力破夫无害从俗之说、猎较受赐之说、仕不为道为贫之说。"梁云龙所说的是海瑞14岁时的表现。此时的海瑞不但把努力的方向放到"圣贤"的高度，鄙弃那些不分是非、只做老好人的乡愿，还表现了他对事物的独立分析能力。海瑞认为，不分是非地随大流，即所谓"不害从俗"的思想和表现，不可取。至于所谓"猎较受赐"，即互相争夺、比较猎物的多少而邀功求赏的做法，以及"仕不为道为贫"，即只因生活贫困而放弃原则的做法，虽则孔子、孟子没有明确地反对和抵制，但孔子、孟子的说法和做法是在一定的环境下而做而说的，不能以此为借口，教条地把这些东西作为行为的依据。

由此可见，幼小的海瑞，志向是很高的，是非观念也是十分分明的，很有独立思考的能力，绝不随波逐流，更不盲从。海瑞从小养成的这些品格，为他以后为人处世打下了良好的基础。

正气凛然

海瑞

第 二 章
立志圣贤　砥砺成才

家世和少年时期的家境塑造了海瑞成年之后政治生涯的坚强的意志，虽然经历了两次考试落榜，但并没有改变海瑞的意志，反而更加坚定了他立志朝向儒家圣贤的信念，几经周折，最终砥砺成才。

圣贤教诲 铭刻在心

　　家世和少年时期的家境塑造了海瑞成年之后政治生涯的坚强的意志。这些都是和海瑞母亲严格督学海瑞是密不可分的。据史料记载，海瑞从4岁开始就接受儒家经典的教育，一生实践着儒家"天行健，君子以自强不息"精神，就连海瑞在科举考试中经历了两次失败之后，也没有改变海瑞的意志，反而更加坚定了他立志朝向儒家圣贤的信念。

　　在海瑞的母亲谢氏的精心培育下，海瑞在学习上有很大的进步，也因此谢氏感到非常高兴。不过，谢氏也清醒地意识到自己所拥有的文化已经很难再胜任对海瑞的教育，所以当时尽管家里很穷，谢氏还是毅然决然地把海瑞送到海口镇一家比较正规的私塾去学习。当时只有14岁的小海瑞怀着强烈的求知欲望走进了知识的殿堂——私塾。因为海瑞从小就已经受过教育，所以到了私塾之后的海瑞，就像鱼儿到了知识的海洋里，如饥似渴地吸取着知识。在这里海瑞受到了更加严格的规范教育，儒家文化对他的影响也日益明显起来。在当时，海瑞在私塾和同学们十分友好，并且在回家的路上，如果遇到长者的话，他总是主动去打招呼。在生活中，海瑞也是一个懂事而听话的孩子，他能够虚心地听从长者的教导，对长者交代给自己的任务也总是能迅速而又妥善地完成。久而久之，海瑞谦恭而文明礼貌的行为得到了同学、长者和老师的一致赞扬。

　　时光如白驹过隙，随着年龄慢慢地增长，海瑞也是更加能主动而自觉地学习文化知识。同时，他也会积极地参加各种生产劳动，在每天放

正气凛然

海瑞

学以后或者是节假日期间，海瑞就会主动地和母亲一起做家务，到自家田地里帮助母亲进行农业耕作，这个时候的海瑞已经从一个不谙世事的少年成长为一个有文化且身强体壮的小伙子。不过对当时的海瑞来说，私塾这样的启蒙性学校已经不能再满足他对知识的需求了。

因为自幼就受到母亲坚强的性格熏陶，海瑞从小就立志，立志学习儒家文立德、立功、立言之"三不一朽"，用海瑞自己的话说，就是人的一生就是要时刻向儒家圣贤看齐，要时刻谨记学习圣贤，要为天下苍生造福，并且最终能够成为圣贤。坚信着这一理念，海瑞从4岁开始接受启蒙教育，一直到10年以后，海瑞已经初步理解与掌握了儒家思想的本意，在海瑞14岁那年，他就在自己的习作中表明自己要立志做圣贤人物的决心。这件事情可以从清朝时海瑞的同乡王国宪在《海忠介公年谱》中见到，是这样描述的：海瑞少有大志，14岁时，"稍有知识，即欲学为圣贤"。海瑞自己也曾经说过："圣人千言万语，只是欲人识其真心。率其身为终身行之，便是圣贤。"海瑞的思想渊源来自于陆九渊学说，而对当时流行的朱熹治学则抱着批判的态度。陆九渊的学说，历史上称之为学尊奉孟子，强调直信本心方可人道，所以，海瑞认为，天地间万事万物，没有一件"出于心之外者"。孟道无他，"求其放心而已矣"。海瑞对此解释为："学也者学吾之心也……学非外也。问也者，问吾外也。学问之功，为求放心而设。"海瑞强调人的一生应该不断地"克省""存养"，然后才能"以至大至刚的浩然之气存于天地之间"。心是万事万物之本，一切学问与"克省""存养"等都是为了不失本心，扩充善心，并且他的一生都在朝这个方向努力。

由于在我国封建社会，没有现代意义的学校，青少年教育主要靠私塾。由于社会教育不发达，念过几年私塾的人就是社会上有知识的人了。私塾教育能够满足一般人掌握一定识字明理的要求，却不能满足一些人更高的求知欲望。一方面，私塾老师的教学方法比较落后，主要方法是让人死记硬背，学做八股文章；另一方面，私塾老师自己的水平也有限，不可能传授更为丰富的知识。海瑞逐渐长大了，私塾已不能满足他的求知欲，同时，仅仅在私塾读书无法找到做官为仕的途径。

因此在嘉靖十九年（1540）的时候，28岁的海瑞从私塾转向高级的郡庠继续读书学习。郡庠是明代的官学，即政府兴办的学校。与当代普及教育的概念不同，那时官学的主要任务是为社会培养官吏。官学在西周时期就有了，其出现的背景，是政府在组织社会运行的过程中对管理人才的需求。

这也就是最初的官学学生几乎全部是封建领主贵族子弟的原因。到了明朝，官学已经发展得相当完善。由于明朝的开国皇帝朱元璋在打天下和坐天下时，对于人才的缺乏有切身的体会，所以在兴办官学方面又有比较大的突破。一是学校数量大为增加，基本做到了每个州、县和部门都有兴办，全国办起大约2000个学校。二是学生身份限制的突破，可以招收普通人家的子弟入学。正是在这样的背景下，海瑞才能够报考郡庠。

报考郡庠的人统称"童生"。报考并不容易，朝廷规定，考生年龄必须在15岁以上，并且读过"四书"。报考的人很多，因此要经过两轮淘汰。第一轮是参加由守令亲自主持的考试，第二轮是学官面试，两关都闯过后才算是正式录取，获得"生员"资格。好在海瑞天资聪明，顺利地通过两关，成为郡庠的正式生员。

明代郡庠所教授的内容比早期的"官学"充实了许多。过去的教育内容，主要是"六艺"：礼、乐、射、御、书、数。明代学校的教育内容除了比较完整的经史课，还有以礼、律、书为一科和以乐、射、算为另一科的两科辅助课程。经史课包括"九经、四书、三史、通鉴、旁及庄老韬略"，是最主要的课程，由教授、学正、教谕主讲（教授、学正、教谕分别是府学、州学、县学的校长，由朝廷任命，算是朝廷命

官，一般都由学问较高的人担任）。精力充沛的学生，在学完以上课程之余，还可以选修诏诰、笺表、碑版、传记等应用文的写作。对经史课，要求必须读完四书，即《论语》《孟子》《大学》《中庸》，同时要求选读九经中的一经（九经指《易》《书》《诗》《左传》《公羊传》《榖梁传》《礼记》《仪礼》《周礼》）。

这些教材比较完整地包括了儒家学说基本内容，海瑞系统地学习了这些教材，使自己的世界观、人生观体系得到进一步强化。在以后政务活动中，海瑞处处以儒家思想作为自己行为的指导思想，经常引经据典地对各种社会现象进行分析和解释，可见，郡庠时期的训练，对他的影响十分深刻。

郡庠的学习相当紧张，每月都要举行一次考试，考试成绩记入"文薄"，作为考核学生的重要依据。每三年举行一次岁考和一次科考，校方按岁考的结果将生员分为六等，依等次决定生员地位的升降。科考也分为六等，考到一、二等，才能取得参加乡试的资格。由于乡试有名额限制，科考的名额也受到限制，其比例，往往为生员的 1/30，可见竞争相当激烈。

海瑞学习非常努力，因此岁考和科考的名次都不错。明代有严格的学规和考核奖惩条例，海瑞所在的学校也不例外，经常组织生员学习刻在石碑上的"禁例十二条"。

所谓的"禁例十二条"是明太祖朱元璋提出来的，在他之后明朝所有的学校都将其刻在石碑上，这就是历史上有名的"卧碑"。卧碑规定的内容非常广泛，比如，不准生员参与或干预地方政府的行政事务，不得参与直接关系到自己家庭的诉讼，除非有特殊情况，如"邻近亲或全家人被人残害，无人申诉者"，等等。另外，生员不应该为社会上的闲杂琐事分心，生员要做的事情，唯有"两耳不闻窗外事，一心只读圣贤书"。但是，"若十恶之事，有于朝政，实迹可验者，许诸生赴京面奏"。卧碑同时明确了教官的职业道德："体先贤之道，竭忠教训，以导蒙。"教师的地位应该受到尊重，生员要"尊敬先生"，"诚心听受"。对这些纪律和要求，海瑞心领神会，自觉遵守。他排斥一切世俗陋习的干扰，绝不参与请客送礼或无意义的闲聊玩耍活动，把时间都用在苦读圣贤之书上，并时常与同学探讨经书、道德方面的问题，言必称圣贤，语必引孔孟，脱俗的生活态度及学究气度，使他得了个外号"道学先生"，他听了只是淡然一笑。这些规矩以及在郡庠的训练，对海瑞以后的从政生涯，特别是教谕的生涯有者非常重要的影响。

一般人入郡庠求学，目的都在参加科举考试，图个中举做官，因此学习总是点到而已，不求深入。海瑞当然也想做官，但他更觉得要通过自己的真才实学做官，凭自己的能力谋职。他把郡庠当成了学习知识、认识社会、掌握本领的极好时机，他时时关心时局的变化，经常邀好友纵论天下大事。在求学问、学知识的同时，他更关心的是学做人。他多次袒露自己的人生态度："现在我们在这里攻读学问，固然是要参加科考以求功名。但做人不能只靠背诵书本上的警句，而是要学习圣贤的真谛。因此，要真正钻进去，细细品味出圣贤所说的道理，才能学有所成。孔子从没有对身着布衣旧袍而感到不好意思，孟子对所谓的大人物一贯不屑一顾，伯夷敢于否定圣贤的话，这些精神才是我们应该认真学习的（原文是：今之为学者，决状元进士于科第，人恒壮之。此学奚自而来哉？圣贤以认真诲人，其说务在方策，惟宜潜心玩味而踊跃于讽诵。时举仲由之不耻温袍，孟子之藐大人，伯夷之敢于非圣，服之心胸，往来不轩，或者充养有机耳）。"

海瑞为人坦荡，待人诚恳，不媚俗、不趋炎的特殊品格已开始形成。他给自己取了个"字"，叫刚峰，其意在于刚直不阿，宁折不弯。他在权贵或恶势力面前，绝不低头，但对待百姓，海瑞则一直十分尊重。他认为，圣贤之所以伟大，在于他们做事总是以他人为重，而从不把自己放在前面。

督学蔡公非常欣赏海瑞的才华。蔡公在琼州举办过一次会试，会试的试题为"不曰白乎"等二句，当时有不少的人参加了这次考试。蔡公看到海瑞的试卷的时候，眼睛一亮，立即将这份试卷留下带在自己的身边，而且不时地拿出来读上一遍，真的是爱不释卷。之后他打听到海瑞竟是个无任何官阶的平民，不由感叹道"此所谓涅而不淄者乎"，没想到这世道还真有坚持操守、不为世风所乱的人。

海瑞几个叔伯都做了官，这对他也产生了影响，所以海瑞自幼就关心时事，经常和朋友一起探讨执政之道，他还经常憧憬自己能够有机会一展宏图。不过海瑞的自命不凡、孤傲癫狂，对他的仕途也形成了一些障碍，他的这一性格与郡庠的治学要求产生了矛盾。在郡庠，教师讲授时不得自由发挥，"务要依先圣先贤格言教诲后进，使之成材，以务作用。敢有妄生异议，乖其良心者，诛其本身，全家迁发化外"。对生员文字的要求，则必须做到"只用散文，不许为四六"，"敢有肆为怪诞，不遵旧式者，提学官即行革退"。可见，朝廷对学校的教学组织活动和生员的学习控制相当严厉。朝廷所要培养的，是俯首帖耳的官吏，不希望这些干部有太多的所谓独立见解。海瑞却总是批评时政，认为办事最关键的是遵循孔孟的教诲。他的这一行为必定是得不到上司的认可的，也因此导致他在很长时间内一直得不到赏识和重用。

"郡学博且严敬之，不敢问馈遗茵咸称为道学先生，相率师事之"。海瑞充分利用郡庠的学习环境，勤奋努力，博览群书，知识的视野更加宽广，海瑞立志成为圣贤的人生观和世界观也更加明确。

据史料记载，最能反映海瑞早期人生观和世界观的代表作品，是他在郡学读书期间，写过的一篇读书心得，名为《严师教戒》，又题作《自警词》。在这篇传世的名篇中，海瑞采取问答的写作形式，详细地阐发了自己的人生价值志向。其大意用现在的话表述就是人活着应当以圣人为楷模，时刻以圣人的标准严格要求自己，"圣人我师，一放而行之"。人应该要有远大的志向，人活着并不一定非要考中科举中的状元，要做大官。人应该以圣人为师，追求浩然之气，要想着对上要报朝廷的恩德，对下能替百姓分忧。嘉靖时期的明代社会，商品经济已经有了相当快速的发展，逐金拜利在社会上已经形成一股热潮，一些读书人也难免受到影响。海瑞在这篇习作中告诫读书人要立大志，不要为追逐金钱而丢失自己的"浩然正气"。他在文中又说，一个人做了府县级官员，利用手中的权力弄点钱财是件容易的事，利用权力获得田宅、美女也不是难事。在物欲横流的钱财世界，有多少人能出淤泥而不染呢？很多人只会说空话，从不脚踏实地，凡事都首先想给自己弄点好处，在人面前总是摆出一副正人君子的形象。这些人只要有了一点小成绩就会趾高气扬，看见别人事业有成就心生嫉妒，遇到容易办的事情就争先恐后，面对难办棘手的事则缩头缩脑。他们总喜欢夸耀自己的长处，却竭力掩饰自己的过错，不管干什么事都存私心杂念。海瑞痛切地指出：人一生穷困潦倒并不是什么缺点，但是如果不讲求品质道德至上，那才是人生最大的污点。他在文中对读书人发出呼吁：上述种种不良社会风气，只要沾染上其中的一条，既对不住自己，更对不起祖先，这样的人还有什么脸面活在人世间呢？即使他们偶尔侥幸能爬到卿相大臣的行列，也不会令人佩服，更不会受人拥戴。海瑞给自己立下的规矩是："瑞有一于此，不如速死！"意思是说，我海瑞若沾染上上述任何一条不良习气，还不如早早死了的好。海瑞年轻时所写的这篇《自警词》，在他以后几十年的政治生涯中，发挥了重大的作用，他始终以此检验着自己的言行，处处以此要求自己。

海瑞的人生价值观从这篇《自警词》里淋漓尽致地表露出来，海瑞认为自己读书做官是为了国家的安康和人民的幸福，除此之外的任何追求都不是一个读书人的价值取向。海瑞的这篇文章，在当时的师生中产

正气凛然

海瑞

生了强烈的影响，广大师生既感叹海瑞在没有进入仕途之前就通过自己的观察对世态人情洞彻明晰，又惊喜海瑞将来一定是一个难得的治理国家的栋梁之材！

海瑞的这种人生观和世界观的形成，是和他在郡学阶段学习内容有一定的关系的。明清时代，府县一级学校的课本大多是政府规定的宋代理学家的著作，像是朱熹、陆九渊等宋代大儒都首列其中。海瑞通过对这些大儒著作的学习，逐渐形成了自己的价值观，他特别推崇陆九渊之学，对朱熹之学有些许微词，这一观点集中体现在他的作品《朱陆》等，他认为"圣人之道在于本心，这种本心就是孟子所云雕之心"，而陆学对孟子最为重视，陆九渊的学生问硅何以进，陆九渊回答说："得之孟子。"海瑞认为，陆九渊之学得到了孟子的精髓，即精一执中之旨，海瑞自己也认为："浩然之气，孟子身有之。"他捌之学是"舍去本心，日从事古本小册子，章章句句；认为朱熹只会断章取义，未能人道"。

海瑞对自己的要求是非常严格的，他用一篇《严师教戒》来约束自己。他认为，一个人不能庸庸碌碌，但是也不能在纸醉金迷中糊糊涂涂，人就应以圣贤为榜样，为社会多作贡献。海瑞非常自信地表明自己的生活态度，"贤，不为乡愿"。他在文章中表明不要只想着中科举、做大官，色、花天酒地；不可放弃自己，在金钱财富面前要站得稳，对自己不要放纵，不能贪图享乐，见利忘义，无羞浩然正气；不能隐讳不足，他在郡庠求学的过程中一直是这样严格要求自己的。不过，在中国封建社会里，讲究礼义，承认尊卑，是管治国家的头等大事，关系到国家的兴亡、社会的安定。海瑞能自觉地守礼、用礼，说明他在青少年时期就培养出明确的礼制观念，形成了在原则面前绝不退让的性格。

除了在基本的尊卑礼制上坚持原则外，海瑞对老人也是十分关心的。在他任职淳安、兴国县令的时候就撰写了好几篇文章，主要就是强调要关心老人，尤其要发挥老人对下一代教育的作用。他还十分严厉地批评一些不懂得尊重老人的地方官员，指出不让老人参政的做法是不对的。他在任职的地方就明文规定，各地方必须要选出德高望重的老人充当里长，发挥他们的作用；但又同时要求老人要自律，要为年轻人做出榜样，从道德修养上对老人给予关怀和要求。他为学校制定的《教约》，更是要求学生尊敬和爱护父兄，不能因学到一点知识就自高自大。而海瑞对自己的母亲更是数十年如一日，恭恭敬敬，侍奉终生。

他有一个名叫海鹏的侄子，与他年龄相仿。两人一起读书学习，一起住宿饮食，后来又一起参加科举考试。但在海瑞面前，鹏却必定要执侄子之礼，凡事都向海告。又如在海瑞的故乡有一个姓杨的人，年龄是当时全乡村中最高寿的长者，按辈分却是只不过二十出头的海瑞的侄婿。两人相见时，海瑞必以叔丈之礼相待；当杨氏遇到困难的时候，海瑞总是任劳任怨地去帮助他，从来不会因为对方年长或地位高贵，而改变这种叔丈与侄婿之间的礼义。这点在今天看来似乎都有些难以理解，但是年轻的海瑞却已经能够去完成。

在郡学读书期间，海瑞结识了当时的礼部尚书丘溶的曾孙丘郊，两人很快就成为以道义相切磋的好朋友。丘郊于海瑞家乡西边的墨客村建了一座供自己读书学习的乐耕亭，当时有人认为，丘郊放着先祖的瞻玉堂遗址不加修葺，而另建乐耕亭，是不孝的行为。海瑞则力排众议，认为修葺瞻玉堂遗划与修亭鼓励士民耕作是不矛盾的，而且修亭以示重农比只是修葺遗址以光宗耀祖重要得多。他十分赞赏汉代贾谊"一夫不耕，或受之饥；一女不织，或受之寒"的说法，海瑞认为只有重视耕织，使百姓丰衣足食，才是真有益于子孙后代的事，才是真正的孝。

海瑞为此还写了一篇《乐耕亭记》。文中海瑞并没有对这座建筑作过多的描绘和颂扬，而是指出"谦让"，还有"严肃"和"自尊"的内中的深意、谦让的基本礼义，该尊时绝不能卑，卑时则不可以尊。

正气凛然

海瑞

接着，海瑞用了很大的篇幅，阐明在社会生活中应尽的责任。他认为，能对社会作出贡献的有五种人：一是士人，他们有时间，能向人们宣扬道理；二是军人，他们负着保家卫国的职责；三是农民，他们生产粮食，纺织布匹，使天下人免受饥寒；四是工匠，他们制造器物，供应人们生活中的必需品；五是商人，他们负责商品的流通，助各地互通有无。所以一个对社会负责的人，必然是这五种人中的一分子，否则就是"游惰之民"了。所谓的"游惰之民"，指的是沉醉于声色犬马的生活中，求享受，不愿作奉献，贪得无厌，对社会危害十足，简直就是社会的蛀米大虫。

这篇文章，表面上是对丘郊的告诫和勉励，实为年轻的海瑞旗帜鲜明地表明自己的态度：做一个对社会有用的人。在海瑞的一生中，他就是抱着这样的态度为人民做实事，为社会作贡献，为大众解除疾苦，为百姓伸张正义。

坚持正道 义救民女

我们现在所知道的关于海瑞进京赴考的故事不少，海瑞的才华不浅，却没有中第，这是令人奇怪的。对此，人们有许多解释，其中影响较大的，是贪官严嵩压制一说。严嵩是当朝首辅，海瑞是赴考的举子，两人没有直接的接触。他们两人发生直接交往，是为了一个普通的民女。

海瑞赴京赶考，到京后，为节省盘缠，在一个豆腐店住下，每天刻苦复习准备。那天，海瑞正在里间苦读，忽被外间吵闹声惊扰，出来一看，却是当朝首辅严嵩的管家严二正在纠缠。这严嵩是明世宗年间出了名的贪官，严嵩身居要职，地位显赫，严二于是仗势欺人，飞扬跋扈，为非作歹，无人敢惹。海瑞看见这严二正举着鞭子抽打豆腐店老板，忙问是怎么回事。

老板告诉他说："这严二前一天来，硬把30两银子放在桌子上，说是借给我用，我知道这严二的厉害，哪里敢要。可这严二留下银子就走了，我只好将这银子包得严严实实放在这里，没敢动一丝一毫。可今天严二又来，说这30两银子连本带利得3000两银子。他说，如果还不出，可以让我的女儿嫁给他。"原来，这严二看上了老板的那个如花似玉的姑娘，想出一个恶招，想逼民女就范。海瑞听了，义愤填膺，他上前挺身挡住严二的鞭子，不客气地要求严二赔偿老板的损失和药费，并向老板赔礼道歉。严二不干了，仗着他是严嵩家的管家，平时蛮横惯了，一般大臣见到他都要客气三分，今天这么个赶考的举子竟敢对他出言不逊，于是他冲着海瑞破口大骂。海瑞怒不可遏，狠狠打了严二一个嘴巴。海瑞从小干粗活，这一下子把个严二打得不轻。严二晕了半天才醒过味儿来，却没敢当场拿海瑞怎么样。

因为他也知道，如果打赶考的举子，会被朝廷判重罪。于是，严二一溜烟儿地跑到宛平城，来个恶人先告状，让县令来收拾这个海瑞。

宛平县令张骏风虽然胆小，却也是个清官。他收到严二的诉状后，把豆腐店老板和海瑞一起拘到大堂，当场问明情况，很快弄明白这是严二的诬告。于是，原告变被告，张县令再次升堂，在海瑞的帮助下，反把严二拿下用刑，并问得口供。

严二吃了大亏，回府后向严嵩告状。严嵩老奸巨猾，发现这海瑞是个人才，于是让严二再到县大堂外，公开向县令道歉，并让严二想办法把海瑞请到严府。严嵩有自己的如意算盘，有如此才能的人，如果今后能为我所用，必有助于严家地位的稳固。严二到县府道歉时，严嵩躲在观望的人群中，想暗中看看海瑞。却不料海瑞根本不吃严二的那一套，反使严二罪加一等，再次用刑，严嵩只好亲自出马。由于他身着百姓服

正气凛然

海瑞

装，张县令和海瑞假装认不出这位大人，以冒名扰乱公堂的名义，把个严嵩也狠狠地整了一顿，这是严嵩首次领教海瑞的厉害。

严嵩当然不会善罢甘休，派人暗中杀害了张县令，又买通了考场工作人员，在海瑞喝的茶中放了安眠药，使海瑞在考试期间精神恍惚，到收卷的时候还没有答完，终于落第。后来，海瑞知道这是严嵩搞的名堂，进一步了解了严嵩其人，下定决心要为朝廷彻底清除这些败类。

那豆腐店的姑娘，却被皇帝看上，接进宫中做了妃子。

这是海瑞与严嵩的一次正面交锋，海瑞救了民女一命，自己却遭到严嵩的暗算。海瑞对此没有丝毫的后悔，他认为，为百姓干事是自己应尽的责任。虽然自己还没有权力，但只要决心实践圣贤之道，就可以在任何场合找到为民服务的机会。

这个故事不一定真实，不过却是在民间广为流传，这说明人们对清官的爱戴及对腐败现象的痛恨。一般百姓地位低下，说话的影响力有限，于是编出不少有关清官的故事，以寄托自己的情感。在任何年代，任何社会，清官总是受到大多数人欢迎的。

几经周折　砥砺成才

明朝走入仕途的主要途径是科考。科举制是我国封建社会极为重要的人事制度，萌芽于南北朝时期。当时，社会人事制度是门阀制度，即以豪门贵族为基础的地主豪强制。门第显赫的官僚大地主掌握国家政权，这些家族的后代也跟着身居高位，享受各种优厚待遇。门阀制度推行的结果，是这些豪门贵族的家族势力空前膨胀。在门阀制度的保护下，家族成员可以不再依赖其他任何条件，只要他是这个家族的成员，就可以确立自己的社会地位，就可以有享不尽的荣华富贵。在这里，以功名而获褒奖、得进取，反而被认为是家族的耻辱。在他们的心目中，只有门第不够显赫的人，才需要通过立功来提高社会地位。逐渐地，士族大户以悠闲为荣，不屑接触实际的风气盛行，最后堕落到毫无涉政能力的地步。社会管理层的核心力量腐败到这样地步，管理混乱、民不聊生是其必然结果。那一时期国家之间纷争不断，改朝换代频繁，与此直接相关，当然，这也迫使社会将变法改革提上日程。何况，由于出身高贵的人愿图功名，不愿做官，希望每天都那么悠闲自在。即使做官，也只愿做文官而不愿做武官，武官毕竟要付出生命和鲜血。因此，事实上当时许多出身寒门的武官已经进入政权机关。

这部分官吏对改革变法非常支持，他们不愿意忍受那些不学无术、无功受禄的达官显贵的白眼。于是，通过一定程序，在社会范围内招纳合格人选补充干部队伍的制度被提了出来，并在实践中不断地得到完善。到了明代，科举制度已经相当完善。当时科举制度与学校制度是统一的。非生员、监生（类似于现在的"大学"，即中央一级官学——国子监的学生）一般不准参加科举考试。所以，"童生试"就成了科举的初级考试。在童生试以上，则是直省的乡试和中央的会试、殿试。

海瑞于嘉靖二十八年（1549）参加的乡试，是一种由朝廷派员主持、分省举行的中级考试。这种考试每三年举行一次，考场设在各省省会，当时的朝廷严格规定，各省的参考人员只准在本省参加考试，海瑞当时就是在海南参加考试的。另外，北京、南京也分别设有考场。海瑞参加考试时是在明朝中叶，考试制度还相当规范，因此，考试的管理非常严格。每个考场都设主考二人，同考四人，统称"内帘官"。考官都是皇帝临时任命的，一般由进士出身的京官和教官担任。主考大多是翰林，即在过去科考中选拔出来留在翰林院的人员，称之为翰林官。翰林官都是较有发展前途的人员，一旦哪个部门或地方重要官职出缺，朝廷就可以选派翰林官前去顶替，因此，翰林院实际上是一个后备干部储备基地。明代翰林官在平时还要从事修史、著作、图书等事务性工作。派翰林出任低级科考的主考，说明朝廷对科考的重视。科考时，布政司或京府出还要委派一名相当级别的官员任提调官，负责行政事务的处理和后勤保证工作。按察司或都察院派两名司官或御史担任监试，负责监督考试过程，发现问题及时向上汇报。提调、监试统称"外帘官"，外帘官虽然级别不低，但没有权力干预考官判卷录取工作，更不准侵夺考官的权力。

乡试在八月初到八月中举行，七天之内连考三场，每场一天。第一场考经义四道，四书义三道。根据明代科场文字格式的规定，考经义、四书义时，考官 "专取四子书及《易》、《书》、《诗》、《春秋》、《礼记》一经命题取士"。只能用四书五经中的文句，不得自创题目，也不能从其他典籍中出题。应该说，考题的范围并不大，考生容易押题。当时判卷，主要看考生八股文的水平，考生答题，一律用八股格式"体用排偶，谓之八股"。八股是一种固定的文章格式，要求作文的章节必须分成八个层次，首先是"破题"，要求用两句话阐明题要旨。其次是"承题"，要求用三句话进一步解释题意。在第三段"起讲"中开始发议论，不许再涉及题意。到第四段"入手"转入正式议论，所有的议论必须在"起股、中股、后股、束股"等四段中讲完，而议论的重点必须落在中股，各股文字必须排比对偶，通篇字数不得超过700，也不能少于300。

其实从海瑞的才华来看，应付这样的考试应该不成问题的。但是他28岁入郡庠，到36岁才中举，由此我们不难看出，对考生议论时政的限制对他来说是一大障碍。明初洪武年间，还允许考生"各抒己见，任陈论国家时事"。到明中叶，考试规则已被修改为"但许言前代，不及本朝"，就是说，要议论，也只能议论过去的事，对当前时事，一概不许乱说，甚至连语气都要模仿古人的，美之名曰"代圣贤立言"。但是海瑞的强项却是在于批评时政，让他发议论，不能议论当前的事，对于他来说这却是一件很困难的事情，这也许就是他到36岁才考个举人的原因之一。

乡试中举后也就可以做官了，不过一般只能做个位卑俸薄的郡县学教官，所以绝大多数举人才会去参加会试，以博取更高的功名。当然，海瑞也不例外，在他中举后，他又两次参加了会试。

会试和殿试是朝廷直接主持的高级考试。会试于乡试的次年举行，考场设在京城。一些古典戏文、小说中常说的"赶考"，就是指那些通过乡试的举人赴京城参加考试的事。古时交通不便，举人赴京费时费力，因此常会演绎出许多曲折动人的故事来。

明中期，会考设正主考和副主考各1人及同考2人。正主考由翰林出身的大学士担任，副主考由翰林院或詹事府的长官担任。任同考的20人中，12人是翰林，另科、部官各4人。按惯例，会试的提调官由礼部官员担任。会试设监试官2人，由监察御史担任。这样高层次的官员参加会考工作，说明会考在当时社会中有十分重要的影响。

会考通过者被称为进士，进士还要参加殿试。考试内容为一道时务策，即评点时事的议论文，要求"惟务直述，限一千字以上"。殿试不实行淘汰，只是排出名次。前三名的名次由皇帝亲自定夺，即状元、榜眼、探花，归入一甲，称之为"进士及第"。一甲进士直接授官，二、三甲（第四名及以后名次的进士）到京师各衙门观政（实习），然后授官。明代文官的主要来源，"进士为一途，举贡等为一途，吏员等为一途，所谓三途并用也"，其中，进士得官为最高。

得了状元，直接授予六品官，榜眼、探花，也可得到正七品官，排名在最后的进士，授官时也可得到正八品的官。由此我们不难得出会考会有如此大的吸引力的原因了，考了进士就可以做官，并且可以做比较

大的官，这是很多人梦寐以求的。不过也因此，通过科考，朝廷发现并选拔了不少才华横溢的能人。不过由于这种干部选拔任用体制的缺陷，也导致选拔了一些出了名的贪官，如严嵩，也是进士出身，这可以看出这一体制不能有效地评价人的品德。明代后期，科考、办学都陷于混乱，科举制已不起什么积极作用。

海瑞并没有像大多数读书人那样，把中科举、当大官作为读书学习的唯一目标，而是认认真真地在郡学中与师友切磋学问，培养自己崇高的人格，砥砺自己刚直的品性。直到嘉靖二十八年（1549），36岁的海瑞才参加科举，这还是因为一个偶然的机会。有一天，朝廷要检查郡学的教学情况，于是派出官员对学生进行考核。当时考的是赞论，题目是《论语·阳货》中"不曰坚乎，磨而不磷；不曰白乎，涅而不缁"这句话。海瑞很快就把文章写好了，主考官觉得海瑞的答卷是一篇十分难得的好文章，看了又看，爱不释手。在了解海瑞平时的表现后，主考官十分感慨地说："此所谓涅而不缁者乎！"又把海瑞比作出于污泥而不染的荷花，称赞他人品高尚，是属于孔夫子所期望的有用人才。在这位主考官的鼓励下，海瑞才参加了这一年的科举考试，果然展示了杰出的才华而考取了举人，也因此海瑞在科考时所作《治黎策》成为传诵一时的范文。

《治黎策》是专门论述平息海南民族矛盾，促使海南经济社会稳定发展的，文章开门见山地指出"天下之事，图之固贵于有其法，而尤在得其人。何谓法？经划而条理之，卓有成绩可考者，法之谓也。何谓人？所以经划而条理之，卓以成绩自许者，人之谓也"。

当时的海瑞已是满腹经纶，成竹在胸。他明确指出，要治理天下事，一方面在于有法、有规矩，另一方面在于人，得民心者得天下。这是我们能见到的海瑞最早的政论文章之一，这时的海瑞已经能够如此缜密地进行分析并一语中的，充分显示了海瑞的才华，"得其人而不得其法，则事必不能行；得其法而不得其人，则法必不能济。人法兼资，而天下之治成"。

当时，海南的黎族与汉族的矛盾相当尖锐，黎人躲在深山老林里，经常外出骚扰，并逐步形成了自己的武装。政府多次调兵弹压，却没有取得应有的成果。海瑞在文中详细分析了黎患产生的原因，提出了治理的对策。海瑞指出，那种企图采取彻底消灭黎人的办法是不可取的，因为根本不可能彻底消灭他们。黎人占据有利地形，没有任何一支外来部队可以深入山林与黎人作战，所以重兵镇压不起作用。弹压和封锁的办法也不行，在这样的山区，黎人可以在任意一个缝隙渗透出来。况且，封锁则会断了黎民的生路，导致他们铤而走险，引起更大的社会不安。黎患又不可不治，因为现在他们已经给地方造成了相当的不安宁，长期下去，百姓不答应。海瑞提出全方位综合治理的设想。

一方面，要给黎人以休养生息的出路，可以专辟土地给黎民耕种。另一方面，要打击贪官污吏和奸商，维持正常的物质生产和社会活动。关键是要将黎民的人心收服，做到这一点，琼州才可能得到长久的太平。

海瑞提出了一个方案，即在海岛的中部开辟十字形道路，在不同区域组织更有效的管理形式。海瑞指出，要治理黎患，必须能够有效地对黎人进行教化。但现在黎人都住在深山老林里面，根本没有办法组织教育。

开道立县，则交通方便，管理容易，教育才比较好办。而一旦教育目标实现了，则黎患从根本上解决了。这是他初次提出开道立县的方案，以后他一直坚持这一方案。

海瑞把加强管理和思想教育紧密地结合在一起，认为治事的重要一条是立规矩、画方圆。有了规矩，事情的运作就可以比较顺利。管理者要提高管理水平，加强全面管理，要重视民众的思想教育工作。办事的

规矩立好了，人心得到了，治理天下就不难。治事要立规矩，成了海瑞终生信守的信念。

《治黎策》被人抄录下来，传了出去，在社会上引起很大反响，人们竞相传阅。海瑞的才华开始被社会所认识。但是可惜的是，当时海瑞还无任何官职，也因此他所提出的主张没有被朝廷所接受，致使海南的民族矛盾延续多年未平。

光阴荏苒，冬去春来。转眼到了嘉靖二十九年（1550），这一年的春季，朝廷在京城组织科举会试考试，凡取得举人资格的人都可参加，海瑞与琼山附近州县的同年举人，渡过琼州海峡，经广州、越梅岭、过南京，历经数省，跋山涉水，来到明王朝的京城——北京参加会试。之所以经过这么多的地方，大约是因为这是当时比较顺畅的官道，海瑞在文集中有记载：进京考试都是经过南京，"南都，上下京师，琼三地也"。估计是到达南京后，沿运河快捷北上。38岁那年，海瑞到达京城后稍作休息，就到贡院去参考，会考的基本程式和手续与乡试略同，不过在一两场考试之后，进入第三场可以自由发挥。海瑞进一步地阐发了乡试时《治黎策》中关于建设海南的思想，情真意切地写就了《平黎疏》，将对官府治理海南的招民、置军、设里、驿递等的看法，将有关治理黎族的设想，有条不紊地向朝廷汇报。在这份试卷中我们不难看出，海瑞沉痛地指出穷兵黩武只会给海南民众屡次兴动干戈，不但不可能征服黎民，而且会让他们反抗起来，使居住在海南岛的黎、汉两族人陷入水深火热之中，因此，海瑞主张选拔好管理民族地区的官员，"天下之事，图之固贵于有其法"，朝廷不仅要选派廉洁爱民的官员去海南，而且要拥有自主权，"乘机审视，听其便宜"。他方设县，开筑十字大道，形成贯穿海南络，使黎族聚居山区能够处处变通途，基本能灵活交流，并将黎族民众按里甲编制起县教谕。

但是因为海瑞不愿随波逐流，坚持自己对民生的态度，两次会试都写下了与当权者不同的政见，因而落榜。这时已经40岁的海瑞仍然没有因此而改变自己的态度，更没有为了考取功名而投某些人之所好。海瑞并没有把科举看作是唯一的出路，而是牢记自己的抱负就是要为百姓做一些好事，他毅然表示："士君子由科目奋迹，皆得行志，奚必制科？"这段话的意思是说：人读书学习，是为了有更多的本领去实现志向，为什么一定要以参加科举来谋求当官呢？本来就并不热衷于科举考试的海瑞，在这时依旧坚持志向，毅然开始了服务社会的人生。他接受了朝廷的安排，到福建延平府南平县（今福建南平市）担任教谕一职，负责那里的教育工作。

由于是相当于今天的县教育局局长的任命书，海瑞开始了他的仕途生涯。他带着要干一番事业的喜悦心情，急匆匆地从北京赶回琼山。回到家后，他与母亲、妻子商量，准备带着全家一起到福建生活。但是就在这个时候，海瑞的家庭却发生了一场意外的风波——婆媳之间发生了激烈的争吵。年迈的母亲莫名其妙地辱骂媳妇，也不时斥责海瑞。就在婆媳之间的激烈争吵中，海瑞从中隐约地了解到争吵的真正原因是来自母亲对媳妇许氏没有生育儿子的严重不满。母亲一心想为海家传递香火的观念，使得海瑞原本想好言宽解母亲的任何作为都化为泡影。海瑞是一个孝子，他不愿意违背母亲的意志，尽管夫妻还算恩爱，可是妻子因为只生育两个女儿，一直引起母亲的不满，最后只好以婆媳不和的理由与妻子许氏离婚了事，许氏为此还将海瑞母子告上了法庭。海瑞离婚后，母亲立即四处托媒为海瑞重新择配，终于找到了一个潘姓的女子。订婚、过礼、完婚，都从速办理。然而这种速成的婚姻在维持不到一个月后，也因为和老母亲谢氏处理不好婆媳关系，海瑞被迫再次休掉潘氏。然而，盼孙心切的母亲，仍然执着于早早能抱上孙子，她又四处张罗，最后选中了王家的女儿作为媳妇。在完成了母亲心愿的情况下，海瑞带领母亲、新婚的妻子以及前妻留下的两个女儿，一起在嘉靖三十二年（1553）冬季离开琼山，向福建南平县进发。

第 三 章

端正学风　从严育人

　　海瑞任职教谕的时候，曾经说过："教官掌一邑之教，一邑之臃肿薄质，俱赖其陶成。"海瑞认为教育工作的好坏直接关系到社会风气的好坏，因此，他首先对教师提出"以严师自处"的要求，而且还为县学制定了《教约》等等。

治学有道　严师自处

嘉靖三十二年（1553），海瑞来到福建南平县，任郡庠教谕（校长）。明代的郡庠是朝廷选拔培养干部的基地，也可以算是当时的党校或干部学校，海瑞由此步入政界。是年，他41岁。

海瑞明白自己被派往福建南平县任教谕一职，其实就是担负起对全县青少年的教化工作，他明白，这个工作直接关系到人才的培养，所以十分重视。他曾说过："教官掌一邑之教，一邑之朣朣薄质，俱赖其陶成。"这不但是时刻提醒自己，更是时刻提醒在学校工作的所有人员，教育工作的好坏直接关系到社会风气的好坏，所以他要求所有从事教育工作的人必须认真负责，不能"安闲以自旷"。他明确地指出，学校的教育就是要使学生"义理明而心性醇"，即要把学生培养成为明白事理、品格端正，有益于国家、有益于民众的人。

当时，南平县的教育工作十分混乱，学习风气很差。像学籍登记就是十分马虎的，存在着虚报学生年龄籍贯的现象，甚至出现冒名顶替的现象；而且有不少富家子弟在学校并不读书，而是通过送礼、托人情等旁门左道获取成绩；亦有一些教师为了巴结上司，极尽献媚之能事。针对这些现象，海瑞下决心大力整顿南平县的学风。经过一番调查后，他参考了朱熹在白鹿洞书院时制定的《学规》，及朱熹的学生后来在传贻书院中所实施的规章制度，为县学制定了《教约》。《教约》一共有十六项内容，开宗明义地指出："照得当职虽尝有志于圣贤之学，而质鲁力薄，终未能至于其间。……本职钦承明命，请以严师自处。诸弟子

正气凛然

海瑞

海瑞像

今有一日之雅，当以从命自尽，一一遵信而强行之，本职籍成以免尸旷之责，本职境也。如其不然，变岂敢以姑息从事。轻则威行夏楚，重则兼请黜降，是亦今日事也。为教弛日久，诸弟子之不信吾说也，先为诸弟子严之。"海瑞首先向诸生员声明，他一直立志成为一个圣贤，但修炼还不够，至今不敢说自己已经是一个圣贤。虽然是自谦之词，但这句话实际是为引导出以后对生员的训导做准备的。海瑞一直以孔孟言行为自己的人生哲学，对学校，从事教育培养人的工作，很自然地提出用圣贤之道培养生员的原则。既然要贯彻自己的教学原则，就要立下规矩。海瑞在郡庠多年，对此深有体会。何况，在调查中他已经发现，很多学校的管理松弛，纪律涣散。因此，他要从自己的学校干起，坚决地整肃纲纪。他告诫众生员，他是朝廷命官，以严师自居，大家要好自为之，希望在本校不发生各种违纪事件，这样大家都好。如果发生违反校规校纪事件，一概严惩不贷，全校师生必须遵照执行。

他首先对教师提出了"以严师自处"的要求，即做教师要有尊严，要懂礼义；对玩忽职守的教师，轻则警告、处分，重则开除，绝不姑息。海瑞十分重视教师的人格和尊严，在这方面他为人们做出了很好的示范。

郡庠不同于私塾，教官是吃官俸的，其职责是为朝廷培养人才，不是乡间教师爷，因此，他免去了通行的拜见教官时的送礼规矩。郡庠不是官府，并不处理政务。因此，在处理政务时的一些必须礼节也必须革除。

早在明朝开国之初，明太祖为了表示对学校的尊重，就说过：师生不必远迎，也不必远送，只在学校门口迎送就可以了。而在学堂这个传道、授业、解惑的地方，师生对来访的官员则只需行揖拜之礼，不需行跪拜之礼。官员则只能坐在旁边旁听师生上课，不能打扰课程的正常进行。海瑞认为这是一个很好的制度，必须认真执行。

也因此，在一次南平县所属郡的郡守带着一班人前来检查工作的时候，他们来到正在讲学的明伦堂，当时学校负责人和其他教师见状，都纷纷下跪，不敢仰视，唯有海瑞一个人挺直腰站着，只微微行了一个拱手之礼，说："晋见长官当用下属的礼节，这厅堂，是师长教育士子的地方，不应当屈身。"海瑞的这一行为，让在场所有人都震惊了。中间站着的海瑞与两旁下跪的教员构成了一个如笔架的图形，于是一些官员便冷嘲热讽地说："这座似山非山的笔架是从哪里来的呀？"有的官员更是大发雷霆，要惩罚不知天高地厚的海瑞。幸好郡守明白事理，而负责福建教育工作的朱镇山亦极力从中调停，才使事情淡化。海瑞以行动捍卫了教师的尊严，名声因此不胫而走，"笔架先生"的故事也成了后人的美谈。

不过这次事件中那些官员的态度惹恼了海瑞。海瑞想，我的行为是为了恢复应有的道行，弘扬孔孟学说。一个高级官员对我的这一点小事都不能体谅和理解，反出语伤人，实在咽不下这口气。于是，海瑞提出了入仕后的第一次辞呈。海瑞以后多次提出辞职申请，都是因为他与上

级长官的冲突，这至少说明他的许多做法是反潮流的。

辞呈交了上去，一位素来敬重海瑞的县官感到了不安。他认为海瑞的行为并无不妥，"彼所执竟是，吾误也"，因此将情况反映到福建学宪（省里管理郡庠事务的最高官员）朱镇山那里。朱得知后，将海瑞叫到他那里，苦口婆心地做工作，最后说："你学了一肚子学问是为了什么，决定出来干事又是为什么，难道就是为了与这一跪过不去吗？"终于说服了海瑞。

又一次，海瑞接到通知，说按院要来视察，海瑞带领诸生员在大门迎候。按院的助手分道先到一步，进院后看见海瑞长揖不拜，于是问怎么回事。旁边人告诉他这是校长，他于是让人告诉海瑞赶快出去接按院，并说明接按院时应有的礼节。正说着，按院已经进来。却见海瑞依然长揖不拜，把分道吓得直吐舌头，感叹道："如今怎么还有这样的教官？"海瑞却无动于衷。

海瑞坚持守道，任校长的四年中，从没有给来检查工作的上级官员跪下过。他说，这个规矩是先圣立下的，后人太俗，破坏了圣贤的规矩。既然我们都知道这一点，为什么不带头恢复传统呢？这么一说，虽然那些讲排场的官员觉得他不恭，却又拿他没有办法。

海瑞这种行为与世风不合，许多人觉得惊异不解和滑稽怪诞，但时间一长，了解他的人越来越多，钦佩他的人也多了起来。海瑞的人品好，知识面挺广，好发议论，与人交往从没有耍滑弄奸之气，不少地方官员愿意和他交朋友，政务中遇有难题，也喜欢与海瑞先行切磋一番，然后再做定夺。

海瑞还在《教约》中要求那些弄虚作假、冒名顶替的学生，必须在五天内从实申报，重新造册，做一个诚实讲信用的人。他还告诫学生要专心读书，不能以势凌人，如果以后还在社会上惹是生非，一定会追究责任，给予严厉的处罚。《教约》中特别指出学生不但要知书，更要

识礼。与师长、官员相见该用什么礼就用什么礼，不能放纵越礼。海瑞告诉师生"君子不重则不威，学不固"，"不能小小以礼齐家"的人是"不足与有为"的。就是说，一个人如果从小不养成良好的礼义习惯，不懂得尊重自己，不懂得尊重别人，那他是不可能对社会作出贡献的。所以海瑞语重心长地劝诫师生说，今后如果还发现有违礼的行为，一定给予严厉的惩罚。

不仅如此，在《教约》中，海瑞还对学校的一些规章制度做出了严格的规定，例如财政的收支制度、学生每天的学习作息时间、考核和请假办法等都有明确的条文规定。海瑞任南平教谕前后共四年多的时间，在这期间他一直都致力于学校风气的改造。他认为身任教育之职，就负有替圣人传道授业的责任，这个责任关系到国家人才的培养，更关系到国家的兴衰。自己一定要完成这个重任，如果没有良好的学风，则一切都是空话。王国宪在谈到海瑞这几年的工作时有这样几句话："公在南平四年余，以礼为教，其讲道论德以及经义治事，一一实事求是，不为俗学所染，是教职中最难得者。"海瑞以极大的工作热情和强烈的社会责任感，整顿了南平的学风，做出了有目共睹的成绩，得到了上司的肯定，也得到了社会的好评。

海瑞一贯重视教育和人才培养，在《规士文》中对青少年寄予了很大的期望，希望他们不要"夸其才学，藐视师长"；不要"小不忍而动大怒"，更不能因一些小事便聚众闹事；要尊重父母、师长，要懂得礼义廉耻，他认为道德的建立是人才成长的基本条件。

海瑞还有一篇《生员参评》，内文对一些不正之风做了严厉的批评，他指出："我国家群士黉宫，导之师儒，优之廪禄，复其身及其宗族，待之不为不厚矣。至求士之可以润泽生民，还报天子者，则鲜其人焉。何上之人意在得贤，而士之所希在荣利也？"他语重心长地告诉学生，国家一向十分重视教育，为青少年的学习提供了不少有利条件，希

正气凛然

海瑞

望青少年学有所成，能更好地为国家、为人民做一点事。可惜真正能做到的人少之又少，多数人只是为名为利而学习；更有甚者是利用权力，徇私舞弊，朋比为奸。这是因为他们在学习中迷失了方向，方向一失，将是一事无成的。海瑞谆谆告诫这些人："以若所为，求若所欲，负天地生人之义，孤朝廷作养之恩。非生员也。"希望这些人知道，只为一己私利而学习，把学到的知识用在欺骗朝廷、侵凌百姓上，既有悖天地良心，又辜负了朝廷的一片苦心。

海瑞对青少年的成长是寄予了满腔热忱的。早在郡学读书时，他就写了一篇《训诸子说》，这篇文章概括了他对教育、对青少年的期望。他开篇就针对严峻的现实提出了一个问题："今之从事于学，有以圣贤自许者乎？而决状元、进士于科第者，人恒壮之，此学奚自而来哉？"他问学生，你们的学习是为了成就圣贤的事业，以圣贤为榜样；还是为了当状元、考进士呢？为什么很少人能够自觉地以圣贤为榜样，自觉地从事圣贤为国为民的事业，却很多人热衷于考进士、当状元呢？这是对学习目的的提问，表面上是讨论这个已普遍为人们所接受的社会现象，其实是很有分寸地批评了不顾社会责任、只为一己私利而学习的不良社会风气，言外之意就是希望青少年能树立正确的学习目的，做一个对国家、对人民有用的人。接着，海瑞点出了学习的真正意义："学求以复其良而已，操心治心，此不师而师之严切者。"就是说，读书学习最重要的是修养自己的德行，培养自己高尚的道德和人格，做一个堂堂正正的人，而不是只懂得念一些经传文字，或对老师言听计从。在这训辞的最后，海瑞鼓励青少年立下大志，要有自信心，不能随波逐流。他说："行之而牵于俗，不免有怯心焉，则志立而气不充也。"就是说，如果没有高尚的志向，没有实现志向的坚韧不拔的精神，一举一动都生怕有所得失，都要看别人的脸色，这些人尽管有志向，也是底气不足的，结果必定是一事无成。他以子路、孟子和伯夷为例："仲由不耻缊袍之立，孟轲藐大人，伯夷之敢于非圣人而不顾，时举而服之心胸之间。往来不置，或者充养之有机乎？"孔子的学生子路虽然经常穿着残旧的棉衣与那些身穿名贵貂皮大衣的人站在一起，但一点也不会觉得低人一等，而是全心全意地追随孔子，向孔子学习。孟子曾经说："说大人，则藐之：勿视其巍巍然堂高数仞、榱题数尺，我得志弗为也；食前方丈侍妾数百人，我得志不为也；般乐饮酒，驱骋田猎，后车千乘，我得志弗为也。"对那些一味追求物质享受，醉心于高堂大屋、妻妾成群、整天饮酒作乐的人，孟子不但表示了十分藐视的态度，而且请别人监督自己，一辈子都不会像这些人那样生活，要永远保持高尚的人格。周武王号称圣贤，但伯夷不会因此而盲目崇拜他，而是敢于对他未能尽孝道却大动干戈的行为提出了非议，坚持忠君尽孝的信仰。海瑞动情地告诉大家，不要过多追求个人的物质享受，要把精力放到学习上；在学习中，不要迷信古人，也不要迷信圣贤、师长，要独立地思考，要懂得坚持信仰。这些意见，对于一个人的成长的确是十分重要的。

海瑞希望通过教育，让学生能学到真正有用于社会、服务于民众的知识，培养出一代坚持正义、发扬正气的新人，而他就是秉持、实践这种理念的典范。

从严育人　尊师至上

海瑞所订立的教育制度和所用的教育方法都是参考宋儒的，他以朱熹在白鹿洞书院以及朱熹的学生辅汉卿在传贻书院所用的规章制度为基础，同时也采取了胡安定在教授学生时分开经义与治事两斋，使之各有专重。

学生依受教育程度之不同分别编成四级，最低的读《四书》，较高的增加《五经》，又较高者加《通鉴》，最高级还要研读性理之学。用簿册分别记录学业成绩和品德成绩，记录学业成绩的簿册包括每次背书、回讲的情形，记录品德成绩的簿册则记录那一天做了什么好事或什么坏事。他还规定学生以住读为原则，非万不得已不准走读，凡是走读生都另编注有详细住址的名册，以便随时前往查考，以了解其在家进修情况。作业与考试按住读与走读之不同分别作了规定，每月月底的考试走读生与住读生都要参加，座位临时编排，天亮以前即点名，将亮时出题目，点过名以后才到的要加以责备，但还准予考试，封门以后就不准再进入了，作为未参加考试论。

海瑞最强调的是道德和文章的不可分割，他认为文章是要流露作者的思想感情的，因此他在《教约》中说：文也者，所以写吾之意也，吾平日读书，体认道理，明白立心行己，正大光明，吾之神也。作而为文，不过画师之写神者耳。孔子涵养至到，《论语》之言，莫非中和气象。孟子善养浩然之气，论七篇者曰：泰山岩岩焉，盖自所见所养出之，莫加毫末于间也。他反对学生在做文章时把那些专供人抄袭套用的"讲章墨卷"之类的东西随便搬进来，以致整篇陈词滥调，或者文不对题，根本看不出作者的文理和思想。他以为一个人假使不兼通天、地、人，那就不配称儒者，因此他最反对学生往八股文里死钻。规定学生们，如"经史稍通，堪居仕列者，量将边防水利等事，每月约讨论一两本，就中命策考试"。

海瑞为了改变士人舍礼从俗的风气，专门作了《规士文》，再次强调"朝廷养士，本在安民"。因此，士人要从小事做起，将自己的一切行为都自觉地纳入到"礼法之内"，言行要尽在"道义之中"，维护士人的现象，为社会带个好头。因为，对普通百姓而言，"惟秀才之言语是听"。百姓之所以如此，并不是害怕士人的威力，而是"以为彼读

海瑞故居

书知礼之人"罢了。所以，作为读书人，不应该信口开河，不应亵师，不应该挟制官员，不应该随心所欲去打官司，不该拉帮结派。读书人必须懂得"礼义廉耻"，只有这样才能得到社会的尊重。如果读书人自身就"立志不专，向道不笃"，将来如何面对社会，如何教育他人呢？而对读礼法道义之培养，学校是关键，因为"公论出于学"。可是，在当时的一些学校，却存在着一种浮薄之风气，员"以爱憎为毁誉，以口舌代戈矛"，一遇到不如意就造谣诽谤，到处写匿名信。一些生员"无水而起鸡毛蒜皮的小事也闹得满城风雨"，"或聚谈人家，给同学编起绰号"。海瑞对读书人结党最为痛恨，不仅有违于法纪，而且会造成社会以类相聚，坏人横士人"不以道义相先，而结党以为诸类倡"，那么会"私党横行，纪法尽废"，天下就要大乱。海瑞认为："此等士风，最坏心术。"他提倡读书人之间"过失相规"，要自爱自重。

海瑞在南平县担任教谕期间的工作取得了良好的效果，培养了一批人才。海瑞在《赠黄体斋升南京国子助教序》中所称的黄仁甫，别号体斋，就是他的生员，"余署教南平之日门下人也"。黄曾任江西新淦县学的训导，有意思的是，三年后黄升迁海瑞家乡的琼州府感恩县学的教谕。感恩县是当时琼州府最小的县之一，生员人数也很少，甚至百年也没有人领乡荐。黄仁甫到任以后，全身心地投入教印"日寻纲目提数十

正气凛然

海瑞

生耳而新之"，感恩县的学风逐渐好转，得到广东巡按御史的好评。当黄仁甫从感恩教谕升南京助教时，海瑞有感于他对海南文教的贡献，特地撰文励。

嘉靖三十五年（1556）在南平教谕任上的海瑞44岁了，这一年海瑞长子出生。他为孩子取名"中砥"，这表达了海瑞对孩子的期望，也展现了海瑞的人生价值取向。

稽查陋习　指点江山

海瑞由于满腹经纶，所以一旦有机会，就会对时政大发议论。

一次，福建掌管地方治安的吴检事邀请海瑞，商谈解决困扰地方多年的驿传问题。明朝中叶，由于交通的发达，地方政府的负担也日益沉重，原因是明朝的财政制度并没有差旅费开支这一项内容。结果，全国1040个驿站，名义上是由兵部掌管，实际上一切费用，包括过境官员本人及其随行人员所需的食物、马匹和船轿挑夫等相应费用，都要由地方财政承担。兵部只是发给出行官员一纸公文，地方政府就必须按相应级别标准保证供应。在明朝初期，这一矛盾并不突出，因为当时的政府机构还不庞大，官员出巡的次数也不多。到明朝中叶，政府机构急剧膨胀，繁文缛节搞得政务运行相当复杂，仅正常的公务往来就多得不得了，加上一些作风不正的官员借机盘剥，地方官员被搞得焦头烂额。

海瑞对此当然一清二楚。既然有人问他，他就无所顾忌地提出自己的见解。他说，驿递问题被搞得喘不过气，其根子在于近年的关文泛滥，文山会海。解决这个问题可以有三个办法，分为上、中、下三策。

上策为治本，即裁减一切不合理的规章制度，精兵简政，恢复本朝开山之祖立下的五马三驴之法，从根本上减少迎来送往的机会。这五马三驴之法究竟是什么内容，我们现在已经不能了解得十分清楚，但根据有关材料的分析，可以推测出这种办法大概是指每一驿站的配置。在每一驿站配五匹马、三头驴，有信使或官员路过驿站时，若要到较远地方去的，可以乘马，近途的则只配驴。明初，朱元璋实行严格的集权管理，因此政府机构比较精简干练，官员外出及公文传递也要少得多。朱元璋规定五马三驴法，其实也是为了限制各级官员滋长不良风气。海瑞认为，只有恢复祖宗之法才能从根本上解决问题。他举例说，现在地方就如同一匹可以拉1000斤的马，如果只让它拉1000斤，那它可能走得十分轻松。但如果硬要让他驮上1万斤东西，那这匹马可能连蹄子都抬不起来，立时就会被压垮。现在各县就如同能拉千斤的马，驿站的负担如果超过"千斤"，则各县的经济就可能被搞垮，那就很难再恢复起来，因此，必须想办法减轻各县的负担。

当然，上策的执行可能会遇到许多困难，那就实行中策。中策是指按照过往官员的职级规定必要的接待标准，不执行公务的官员绕道而行，本县驿站概不接待。实在做不到，亦可先出下策，即接待任何官员都不搞迎送程序，仅安排必要食宿。海瑞指出，按他的理想，应该全面恢复明朝初期的各项严格规定，提出的这几条对策，仅仅是为了当前解决实际问题，建议县令乃至巡抚（相当地区专员）择上策而行之。

海瑞提出的这些意见，当时是否为吴检事所接受我们不得而知，但后来海瑞出任淳安县县令，是坚决地实施了当年提出的这些治理良策的。

海瑞就任南平教谕期间，对自己家乡的时局一直非常关心。家乡局势不好，黎汉之争不断，使海瑞坐卧不宁。于是，他特意致函海南道陈双山，再次陈述自己治理黎汉之乱的设想。信中，他反复阐述当年所撰《治黎疏》《平黎疏》两文的内容。海瑞说，开道制县的办法其实很好，它可以彻底消除几万黎人所带来的不安，为几十万百姓创造一个和平的生活环境。

但是，这样的事为什么没有一任政府官员去做呢？海瑞认为有四个方面的原因。一是根本没有在海南长待的打算，到任后就想着快点提升离开，认为治黎不是一件容易的事，没有三年五载则完不成，因此根本不想沾上此事。二是自己没有调查研究，听人说黎人不得了，什么百发百中，什么武艺超群，自己没有一身本事，不敢与之对抗。三是在读书晋爵的过程中，只想着如何应付考试，而没有真正读懂经书，不知方略之策。从政后，被一般民间事务缠得脱不开身，更不懂得用兵布阵之事，因此对这样的事想都不敢想。四是虽有立功建业的志气，但又顾虑自己立下的功劳被别人掠走，自己吃力不讨好。看来，经过一段校长生涯的实践，海瑞对世态的炎凉、官场的腐败已经有了更深刻的体会。但他从不轻易放弃自己的主张，他还想激励陈双山振作精神，彻底解除黎患的干扰。

他向陈双山坦言，说明了自己的主张屡遭冷遇的原因。他认为，有三个原因导致了平黎之策不被接受，一是不了解海南的地势险要，如果要举兵剿黎将会遇到多么大的困难，不相信一个书生能提出什么治世良策来；二是盲目地认为平黎只不过是举手之功的事，实际根本没有掌握事态的关键，说话不着边际，因此也不可能将任何计划有效地付诸实施；三是只会纸上谈兵，遇事久拖不决，优柔寡断，当然办不成大事。

海瑞激励陈双山，说此事对于大人来说易如反掌。在海南当朝一任，能够建立流芳万世的功名，为什么不决心干上一番呢！海瑞还急切地表示，如果有什么需要进一步咨询的，可以在他回乡省亲时再作深一步讨论。

这再一次说明海瑞有一股韧劲，总想找机会实现自己的理想，他的这种作风在当时社会十分少见，而且也很难兑现。他向朝廷呈交的《治黎策》《平黎策》受到冷遇，于是想可能地方官员可以利用现成条件实现这些设想，事实证明他的想法过于天真了。在那样的社会制度条件下，仅靠局部的谋略、措施是无法解决问题的。他给陈双山的信如石沉大海，无疑给海瑞又上了一课。

海瑞任教谕四年，始终如一地坚持以礼为教，认真讲道论德，解释经义治事，作风实事求是，行为脱俗，实为难得。四年中，将郡庠治理得有条有理，业绩突出，受到肯定。嘉靖三十七年（1558），他被提升为浙江淳安县县令。

正气凛然

海瑞

第四章

苛求自己　勤政爱民

海瑞在其管制的官府内，要求下属官员勤俭施政，不浪费一分钱。而且，他还针对当时的各种有损民生的不合理制度进行了改革，制定了著名的《兴革条例》，并且对过去的一系列不合理的制度进行了大刀阔斧的改革。

初为知县 兴学筑城

公元1558年，也就是明嘉靖三十七年的五月，46岁的海瑞到达了浙江严州府淳安县，开始了他的知县生涯，知县在当时是县级行政区的最高长官。

当时的淳安学校少而祠堂庙宇多，海瑞对此大为不满，深感焦虑，他下令毁祠堂而建学校，并根据他在南平的经验，确立了严格的校规，明确要求各校要以圣贤之道为根本教授内容，要求学生自觉遵守校规校纪。

他提出，教官掌管一个地区的教育事业，这个地区的事业是否兴旺，有赖于这个地区居民内在素质的陶冶。本县学校所教育的对象，不是一般的庸才俗子，而是将成大器的俊杰之才。我们要干的事情很多，教官绝不可懈怠松弛，应该认真地向学生讲解经书、性鉴、史、诸集等，让众弟子朝夕习读，月日会课，切磋琢磨，使他们能够明义理、纯心性。他日走上仕途之路，写文章做事情皆从道德原理出发，则说明他们已经学有所成了，这才是利国利民的大事。海瑞非常重视教官自身的素质，"师道立，善人多必矣"。他始终坚持这一信念，只要有过得硬的教师，就能教出好的学生，他要让更多的淳安英才深入全面地掌握圣贤道义。

他相信，如此能够保证淳安沿着正确的道路发展。对一些教官不负责任，只知和学生一起喝酒唱歌，搞那些庸俗不堪的无聊事情的现象，海瑞非常痛恨。他批评说，这些人对经义治事的要求、忠臣孝子的规矩，都懵然罔闻，这样，如何能教出合格的学生来？而收下学生的见面

正气凛然

海瑞

礼，对于搞好教学又有什么用处，这样的人，不配做教官。

由于海瑞的重视，使得淳安的学校很快发展起来，教学质量逐步提高。那时，中国东南沿海常受外敌侵扰，这些烧杀抢掠的海盗就是倭寇。倭寇自明朝初就开始骚扰我国海上渔民和沿海居民，但明初朱元璋站稳脚跟以后，国力开始强盛，海上防范也比较严密，倭寇的侵扰尚未构成严重事态。明中期，国力渐衰，海防松弛，倭患日益严重起来。在所谓倭寇中，有很多是我国沿海流民，这些当地盗贼逃到海上，与倭人联合起来。由于他们对我国的情况比较熟悉，所以造成的危害相当严重。由于其中有不少是徽州（今天安徽歙县）一带的人，因此，他们上岸回徽歙老家时，途中必然要经过淳安，搞得淳安居民心惊肉跳。每次闻有倭寇来犯，淳安民众即四处逃生避难，十分苦恼。海瑞问他人，淳安有城墙，为什么不进行抵抗。县吏告诉他说，淳安只有土城墙，低矮破旧，虽然隔几年就要修一次，但雨水一冲就垮了，没什么用处。想要修坚固一点的城墙，却又没钱。于是，海瑞召集乡绅反复商量，决定稍多花一些钱，修建一座砖石城墙，以求一劳永逸。

海瑞向知府和参政反复申请，终于获得批准，尚缺的一点钱则由本

海瑞墓

县居民分摊，大户出五两，小户出三两，可以分两年偿付，并不增加百姓太多的负担。经过众人的共同努力，终于修成了一座新城。新城筑高一丈七尺，垛高五尺，共高二丈二尺，下阔一丈三尺，上阔九尺。砖石砌成，坚固耐用。为了保证筑城的质量，海瑞合理组织施工队伍，不同方向的城墙分由相应区域的居民为主施工，并明确责任，不管是哪一段城墙出了问题，都由该部分的施工负责人承担责任。海瑞自己也始终在施工现场督察，以确保新城的质量。新城修好后，倭寇再没有到这里来骚扰过，本县百姓得以解除倭患之扰，无不拍手称快。当然，后来戚继光的戚家军同各路平倭部队一起荡平了倭寇，确保了沿海的安宁，淳安就再没有后患了。

简政节支　节约为本

淳安县既然很穷，就要想办法节省各项开支。海瑞在节省开支方面主要采取两方面措施，一是削减接待费用，二是精兵简政。

海瑞对本县官员说，大家都说百姓确实可怜，但为了节省而得罪路过官员则不可。百姓口小，有意见也成不了什么大问题，路过官员的口大，稍有不如意的地方便会颠倒是非，蛊惑人心，造成的影响可就太大了。海瑞说，其实，关键还在于我们自己行为办事的指导思想，厚待过客其实是出于利心，厚待百姓则是出于义心，这是理性和欲念之争。在长久的理欲之争中，理往往不能胜欲，厚百姓之举因此常常不能坚持。这是因为现在大多数人还是"乡愿"而已，"乡愿"的行为绝不是尧舜之道。对那些为讨上司一时欢心而鱼肉百姓的人，历史终会做出定论。这一席话即使是今天读起来仍很有针对性。

海瑞为支应路过的官员，做出了细致的规定。比如，规定"过往使客下和，每副定银三钱。若亲临上司，加鹅一只，计银八分；火腿一只，计银一钱二分。余蔬菜时加银五六分。若乡宦是大九卿，加如上司之数。小乡宦减去银七八分，止用二钱二三分"等等。

海瑞在《兴革条例》中还特意指出，如果县政府的支应预算已经超支，则不再追加。如果遇到特别同情百姓的上司，则争取再多节省一些。海瑞说，本人不过一个县令而已，上不能杜绝贺礼之仪，下不能裁减过往官员人数，自己再不节省一点，实在感到对不起本县百姓。海瑞一心为百姓着想，处处从百姓的利益出发，这种精神值得人们永远纪念。

为实现精兵简政，海瑞注意先统一本县工作人员的思想。他说："何为知县？知县就是知一县之事也。"

"在上面的朝廷是我的父母，在中层的各级官员是我的兄弟，下级的吏、书、里和老百姓，则是我的子民。各层人士均有其道，均应该按照规矩办事。正人必须先正己，己不正而想正人，当然无法行得通，还会引来各方不满。有人说办事不可太认真，太较真了会给自己带来麻烦，这显然是违背朝廷的规矩的，把自己等同于乡愿了。以乡愿之道苟且偷生，以乡愿之道对待我的兄弟、我的子民，骗取功名官爵，不合本人的原则。"海瑞接着对本县各级干部提出了任职要求，要求所有行政人员各守其职，各尽其责。阴阳医官以及老人、里长、生员、吏书，皆须做到遵纪守法，廉洁奉公。俸薪以外，丝毫不侵，他还是坚持以尧舜之道来实现施政目标。一席讲话中，既体现了君臣有道、行为有序的原则，又表达了行为处事以"道"为出发点的思想。海瑞依据这一原则就任淳安县县令，取得了明显的政绩。

为了不增加老百姓的负担，海瑞提出了一个完整的县府机构编制计划，一个部门配几个人，用多少房子，配多少物品，其中包括毯子几条、被褥几套等，规定得非常细致，这既反映了海瑞抓廉政的决心，又说明海瑞的工作相当严谨。海瑞一个岗位一个岗位地了解情况，一个岗位一个岗位地进行工作评价，提出工作要求，最后，拿出了岗位设置、人员编制和相应待遇的规定。我们仅举一例即可看出海瑞工作的细致与严格。他发现原刑属的机兵听差，因使娟妇诱引良家子弟，酒色无度，于是干脆数革去不用。刑属原升堂时，堂上两边要各立四位当差，海瑞将其尽全部取消，如夜晚需要点灯，则由各衙安排皂隶执灯，或自行将灯悬在堂内。晚上外出，不再安排太多的灯笼火把，月光好干脆不用，夜黑则仅点两把。原规定的县令夜晚出行各家要点灯照亮，也被海瑞一并撤销，他就是这样一点一点地将冗员裁减下来的。

既提出要求，自己就首先带头。海瑞在淳安期间真正做到了克勤克俭，以身作则。他的前任到京城办事，每次都要花上千两白银，这些银两除了食宿，大多用在了公关上。海瑞在任期内两次进京，总共只花了50余两白银。他食宿都取最低标准，完全革除了打点朝廷各部门各关节的费用。

海瑞把家僮和妻妾一起叫到身边，对他们说，我们到淳安做官，是为了履行朝廷的条律。为进一步节约开支，今后打扫卫生、上山打柴，均由我们自己来干。此后，海瑞让夫人每天下厨做饭，还让仆人利用房前屋后的零星空地种菜，把伙食费都省下来了。做出这个决定后，他经常严格检查。海瑞有一个家僮，跟随他多年，颇得海瑞的喜欢。一次，他发现家僮外出打柴，竟然很快就回来了，所打的柴非常干燥。海瑞从小干粗活，打柴种地都是行家，知道新打下的柴不可能这么干燥，于是把家僮叫来质问。家僮不敢隐瞒，据实坦白说是到街头饭馆要来的柴火。海瑞当即把饭馆老板请来，告诉他家僮违反规矩干了不应该的事，并当众用鞭子抽打家僮以示教训，可见其家法十分严厉。

他对一般工作人员说，现在困难，我们不再发各种补贴，大家的收入会有所减少，生活可能遇到困难。但平时衙门里事并不多，大家可以在公务清闲时外出打工，或做些小本买卖，以挣些银两贴补家用。又堵又疏，大家心服口服。海瑞把过去官府里公关应酬的开支全部革除，有人提醒说这些应酬是惯例，否则得罪人，事情难办。

他说，我们现在自己都这么困难，拿什么来应酬。这些应酬，有能力就办，没有能力就不办。一次省里的抚按来县里视察，事先派秘书打招呼。秘书对海瑞说，如果不应酬一下恐难免祸事。海瑞坦然地说："即使是被发配充军甚至被判死罪都在所不惜，但绝不为此而破了规矩！"坚决地回绝了无理过分的要求。

海瑞为老百姓办事尽心尽力，这同他幼年时期家境比较贫寒有关，他深知穷困意味着什么。可贵的是他当了官以后，没有忘记老百姓，一直在尽自己的最大努力为老百姓办事。

嘉靖皇帝是明朝在位时间比较长的一个皇帝，但嘉靖皇帝迷恋于方术，为此挥霍了无数金银，经济搞得一团糟，国库中原有的一点底子几乎被糟蹋一空。海瑞就任巡抚时，朝廷的财政已经到了极度困难的地步。这使本来就十分节俭的海瑞更加注意节约每一文钱，甚至对日常公文操作都毫不放松。如，他规定："各官参见手本用价廉草纸，前后不著空，后不留余纸，别事具手本亦然。凡册用稍坚可耐久而价廉纸，不许如前用高价厚纸，申文纸亦然。册用白纸表褙为空，封筒用单纸，内先用一草纸护封防弊，不用表褙纸。凡文册俱指顶大字便览，防洗补。申文供招等项，不许重具书册。"

规定细到了书写公文用纸，要求做到前不留天，后不留地，能用薄纸的不用厚纸，包装封册都要规定纸型，似乎是太细了一点。后来有人攻击海瑞，说他不抓大事，只注意细枝末节，经常举的就是这一例子。但是当时一般政府工作人员对于节约、俭政，都仅仅停留在说说而已，如果没有具体内容，所谓厉行节约，反对浪费，都不过是一句空话。海瑞有丰富的实际工作经验，知道工作运行过程中会出现什么问题，因此，才会提出这样细致的要求来。

当然，光是在起草公文时注意节约纸张解决不了太多问题。如果能减少公文的数量，似乎作用更为明显。于是《督府条约》规定："今日诸弊，不能尽革，大概在文移过繁。本院一时不能尽言，各官自行酌量，一以简省为主。凡事不必抄写前案许多，紧急者略节用之，府县所自议。说话一句而尽者止用一句，二三句而尽者用二三句，当用片纸者用片纸，当用长纸者用长纸，止使事情不遗便是。要官自做稿付吏誊，不可尽付吏书，以致繁琐。其有供招，一如刑部例，简切数语，起草付吏誊案。若识机括，事本不劳，不必用吏书行移，用许多说话也。省之省之。事由于官，不由吏书，风清弊绝有日矣。本院喜之不胜，敬之，贤人君子也。以俗套责人，非本院本来面目。各官体之。"

规定开短会，说短话，行短文，少用秘书，少转发文件，一句话，能省则省，杜绝冗言。海瑞对文件的要求是，只要能说清问题就行，不需要那么多的套话。一时间，南直隶府内公文的文风大变，工作气氛焕然一新。为了严格执行有关规定，防止一些地方官员搞超标准接待甚至行贿受贿，海瑞宣布，任何地方官员发现问题，都可以揭发。必要时，还可以击鼓告状："州是民事，由驿站工作人员接待过客，是祖宗定下的制度。后来搞平级接待，要求县府主要官员出面接待，是不正之风。这股风形成已久，县官降格为一个驿丞，知府也成了半个驿丞，与祖宗之要求相去甚远，一有任务，就要同馆出马，让运所出夫，来往官客无数，县府如何作出预算。皇上圣明，法度尚在，本官已决定革去应天府官的小夫银两。将以前日驿递浪费之银，补原日州县今付驿递之用，斟酌损益，立有长单。自前文到之日，各州必须将原先备出的用于接待过客的银两入库，未征者停征。以后，只许按照所规定的长单进行接待，原先没有设置驿站的州县，将接待银两革去一半。驿递炎凉之弊，本院

正气凛然

海瑞

深知之。有不按所规定的长单进行接待，酸酒腐肉，疲马小夫及中途而逃，本院决不轻贷。若过往官员有凌虐，大家不要害怕，只管先拿下家人送到府县监治，并停止供应一切物品，尽管来找本官。情急之时，可以击鼓告状。本院知惜民财，知有国法，不知其为京堂、为科道、为部属也。驿递官行之。我辈读书知礼义人，且长单所定，食可悦口，夫足挽舟，生活的基本需求均已满足，还有什么可抱怨的，更没有理由要欺侮驿站工作人员。规定既已明确，各驿站人员也应自觉遵守，不要自作主张，惹是生非。"

节约不单是一般工作人员的任务，作为本府的最高领导，海瑞懂得表率的作用。工作条件只求实用，不求奢华，原来南直隶所辖各府都备有专门船只，供巡抚大人专用。海瑞说："查得本院座船，每府皆有一两只，各院亦然。本院一人之身，焉能坐得许多船只。且水手工食，吾民脂膏。各州县有均徭期迫，不能俟本院议减者，即将本院及各院船水手银革一半不编，止存一半。船上如有别用银，亦革一半存一半。已编者文到日追银入库。其本院门内轿夫，除上元县外，各府州派编工食银两尽革不编。凡不编役银逐一开报。"专用船只被取消，院内轿夫也减去近半，所支费用大为减少。政府的档案库藏有大量文书，但平时开放使用的时间极少，大约二三年才有一次使用机会。政府分管教育的官员经常要到各地视察学校，但每次在一个地方检查，最多不超过两三个月。可地方政府为了应付相应事务，竟安排了二三十人，每年为此的开支也不是个小数。海瑞把过去当县令的经验搬了过来，将一干人员全部裁去，凡有上级官员到来，相邻几个县互借服务人员及有关物品，又省下一大笔费用。

节约要动真格的，海瑞将账算得一清二楚，一件一件交代，使人们没有空子可钻。他开列了所辖县有关账目的例子："本院到任，上元县于正柜银数内开买办家火用银三两五钱，借办过家火用租银一两五钱，江宁县亦然。二县买办人役二名，借办人役二名，每人月领工食银一两二钱，八人每年共领银112两。买办物件用过尚在，物银役银犹有下落，若借办则纯然虚费矣。"账算到了这个份儿上，恐怕想要从中搞什么名堂也不容易了。

节约还要有规则。公用物件，私人不能随意动用。官府的车船，更不准乱用乱使，"原有官船，府县得而乘之"。门子皂快，只有府县可以役之。除此之外，任何机构多用一分一人，都应该被看成是赃犯。会典载御史出巡，所用的各种用品，均由府县用公费买办。

需用人手，只在已经征派的徭役中调配使用，今后不准以上司出巡为由，要求下面增派徭役，不得向下摊派银两。海瑞要求各府县在接待上级前，列出计划，凡合理开支一概同意报销，有时上司突然到来，可以一面支用，一面申请。总之，任何开支都要有计划，有手续。

要节约，就要算计，俗话说："算计不到，一世受穷。"海瑞不厌其烦地一点一点地同大家算小账，一方面实出于无奈，政府财政紧张是明摆着的事，地方官员们又大手大脚惯了；另一方面，海瑞时时惦着这样一个事实，政府所用的每一文钱，都是百姓的膏血，没有理由无度地挥霍。"俸米柴马，各官百用出焉，乃复取之百姓之身"，正因为他始终将百姓放在心上，所以他会为节约一点小钱而大动干戈，这样的精神，令人佩服。

勤俭朴素　勤政爱民

海瑞在当教谕的时候就常教导学生，不要过多地追求物质生活。而他也是这样要求自己的，在他刚刚升到浙江淳安县任知县的时候，上任的官员朱镇山去探望他。当时是寒冬的季节，海瑞在家门口迎接却只穿着一件破旧的棉衣。朱镇山不能理解，他以为海瑞是有意怠慢，所以他非常不高兴。但是进屋后，当他看到海瑞的家具，并且海瑞的家人也同样穿着单衣的时候，他就不这么想了。在谈话间，他得知海瑞一向克制多购一件物品，于是才有了现在这一幕，他就劝海瑞说：即使是再勤俭的一个县令，他的地位和经济能力也决定他必须要穿件像样些的官服。就是这样，海瑞才裁制了一件像样的衣服。这件事令朱镇山十分感动，他马上把海瑞这种安贫守命的优秀品质向上级汇报，海瑞的人品，因此亦得到了上级的肯定。之后不久，海瑞要到京城汇报工作。他的母亲因害怕北方天气寒冷，不愿随他北上，打算返回南方家乡，海瑞只好派妻子王氏带着二男三女陪同老夫人回乡。在整个搬家的过程中，有人建议他向公家提出派挑夫，让官家给资助，但海瑞都拒绝了，而他自己亦只带两个仆人和一些简单行装就出发了。海瑞在淳安的官署里面有一块空地，然他没有像过去的官员一样，在空地上摆假山、凿鱼池，而是发动署内的仆人种上禾麦、蔬菜，尽量减轻官府的开支。

海瑞的生活是十分朴素的，平时绝少大鱼大肉，以致有一次他为母亲祝寿买了两斤肉，就立刻引起人们的注意，被不少人当作新闻传为美谈。当时的总督胡宗宪更以嘲笑的口气对人说："昨天，听说海大人为母亲祝寿，十分大方，竟然买了两斤肉呀！"言外之意就是说，一向提倡朴素的海瑞也吃起肉来了。这固然是对海瑞话含讽刺，但也说明了海瑞平时的生活的确是克勤克俭的。

后来，明代的大学问家李贽对海瑞在淳安的生活曾有这样的评说："自江水外，无关淳安者。"赞扬海瑞虽身为县令，但除了饮用当地的江水之外，对淳安的一草一木都没有利用职权做过任何分外的索取，而是千方百计尽力减轻政府和百姓的负担。

海瑞在生活上对自己要求严格，不但在淳安时是这样，在他的一生中都是这样。民间曾广为流传海瑞补靴的传说。海瑞身为朝廷命官，经常穿的是一双残旧的布靴。有一天，随从仆人发现他的靴子破了，于是建议他新置一双。海瑞听到建议后，十分耐心地对仆人说：靴子是破了一点，但未全破呀，把它拿去补一补还是可以再穿的。在海瑞的一再要求下，仆人只好把靴子拿到上元县缝补，让海瑞继续穿用。

一些对海瑞不了解的人，总以为海瑞家财万贯，更有人企图借海瑞的名声借债买田。海瑞知道后当即写了一封信给琼州知府史方斋说："生自入仕至今未南归，俸金所入，仅足用，余无分文可债可货。田业止祖遗粮一石二斗，外未增一亩一升。"为了请官府进行认真的调查核实，制止这类骗子继续行骗，他在信中如实地向官府交代了自己的经济情况。这样的经济能力，别说是身为县令，就算是一般人也不可能过上富裕的日子。海瑞的薪俸是否真的如此低微，竟不足以供他生活开支呢？

海瑞的薪俸是按朝廷规定去支付的，当然不会如此低微。他的收入除了基本的生活费用外，便是周济贫困的乡亲，所谓"居恒不给，交际所入辄周戚里贫乏"。另外，海瑞公私分明，在一切活动中，凡属私事均由私人负责开支，绝对不占公家一分一毫，这就是他在《续条约册式》中所要求人们做到的"自己事也，用俸金办"，"自己事也，自举自办"。后来他在《兴革条例·吏属》中更明确地指出："官之借公受取，侵渔百姓，于强盗劫财之律如何！"海瑞对这种假公济私的行为深恶痛绝，把它视同强盗的行为，所以他宁可节省一点，生活水平低一些，也不占公家一点便宜。

明天启年间，黄秉石在《海忠介公传》中有这样的记载："公家食十六载，惟杜门耽图史，斋中列四五韦橱，卧榻并无世人玩物，酷类窭生。"海瑞虽然过的是一个贫穷书生的生活，却乐在其中。黄秉石又说："公性简约，所服衣冠，强半筮仕时物。居常不治酒肴，或蔬饭杯茗，与客对谈而已。"可见海瑞平时就是粗茶淡饭，生活简朴。黄秉石还说海瑞"不受舆台夫役，虽子姓小试，无敢以公门第徽一府县名者"。以海瑞的官职、名望，用几个轿夫、差役是很正常的事，但他并没有这样做，甚至他的子侄也不敢倚恃他的地位呼奴唤婢。

隆庆四年（1570），57岁的海瑞回乡养老的要求得到了批准。据黄秉石的统计，海瑞自41岁开始当官，至此时已17年了。在这17年间，他的财产只有一间价值不过120金的房子，及祖辈留下的田地十亩，除此之外，并没有增置过任何产业。他就是这样两手空空地回到家乡，继续过清贫日子。几年以后，即万历三年（1575），海瑞已经是62岁了。这年，海瑞母亲去世，他已经没有更多的财物为母亲治丧了。幸好当时身任"兵宪"的陈复升出资帮助，海瑞才得以为母亲找到一块墓地，办理了丧事。他71岁时，朝廷再次起用他。生活拮据的海瑞，本来可以向朝廷申请一笔差旅费，以做上京之用。但他没有这样做，而是简单地收拾了几件衣物，带着家仆就上路了。一路上陆路就步行，水路就雇一艘小艇，他不花费公家一分一毫，低调地赶赴任所。海瑞以行动落实了自己以前说过的一句话："有能撙节减一分，民受一分赐矣。"他一直以为国家节约一分就是使百姓得到一分好处这样的观念来约束自己，这就是他为什么一生中都这么节俭的缘故。

海瑞去世时已是74岁高寿了，但是他的遗物中没有一样值钱的东西，海瑞这个御史大夫家庭仍是家徒四壁，贫穷得无法支付殓葬的费用。当时金都御史王用汲负责处理海瑞的后事，他为海瑞清点财物时发现，其家中只有一些破旧的家具、衣物，最贵重的就只是剩余下来的十多两薪金，以及绫、纳、葛料各一幅。在这位外人看来应是十分体面的御史家中，却无一亲人在他的身边享清福；仆人也非老则愚，无法胜任更多的工作。如果不是朝廷的赠赐，及王用汲与其他缙绅的相助，海瑞的丧事就不知该如何办了。

当时前往吊唁的苏州吴县人朱良知，曾即景写下这几句诗："萧条棺外无余物，冷落灵前有菜羹。说与旁人浑不信，山人亲见泪如倾。"灵柩前并无奢华的装饰，只有素菜一碟，诗句真实地反映了海瑞勤俭朴素的一生。

还有海瑞在其管治的官府内，要求下属官员勤俭施政，不浪费一分钱。在为澄县县令顾弘宇获朝廷奖励一事写序时，他除赞扬和肯定了顾弘宇勤政为民的成绩外，还借此批评了官府中铺张浪费的现象。他说："柴马俸禄外，以一毫充己用，以一毫市己私，不免且口此一毫为亲民殃。门皂胥吏以外，以一人充己役，以一人市己私，不免即此一人为部民害。仅一人一毫，已非居官之正、仁民之道矣。况日积一毫，积一毫成千百毫，积一人成千万人哉！"海瑞认为，做官必须要廉洁，心中不能有一"私"字，要事事考虑到百姓的利益，官员多占一丝一毫，百姓则多受一丝一毫的灾难。

为此，他针对当时各种有损民生的不合理制度进行了改革，制定了著名的《兴革条例》。这个条例对过去一系列不合理的制度和做法，进行了大刀阔斧的改革。以前，新官上任都必须兴师动众远道迎接，设宴洗尘。海瑞则坚决取消这些做法，规定只出城门外相迎就可以了，更不必送礼设宴。

原来官员之间相互拜访，均前呼后拥，一切费用由库房开支。海瑞规定，这类因私事的活动，一切开支均从出访官员的薪俸中扣除；同行的随从，除官府指定派给以外，一切开支也由该官员自己负责；至于差役，官府最多只能供给两至三个。

过去官员要上京办事，途中使用的纸、笔、墨等，以及官员和随从的食物、生活用品，全由村民负责，每一里征派一两银，并征调轿夫、差役随行护送。海瑞坚决取消了这些伤民害民的无理摊派。

对于官府中的办公用品，不少官员虚报数量，从中获取利益。海瑞认为这是管理上的大漏洞，于是对纸、笔、墨、簿册等办公用品所应使

正气凛然

海瑞

用的数量、质量都做出了明确的规定；甚至一些质量较好的纸张，用一张领一张，如实领取，不得多领。一般情况下，官员只能用价格低廉的草纸，不准用价钱高昂的厚纸。文件装订时更不准有封面和封底，一纸一钉都不能浪费。每月、每季、每年都分别公布各部门对各类物品使用的情况，让大家互相监督。

以前对上级派来巡查工作的官员，地方政府都有送钱、送礼的习惯。海瑞认为是明目张胆的行贿，对这种做法十分反感，坚决废除。海瑞还认真清查被征调到官府服徭役的人数，发现冗员不少，于是核定各部门、各岗位所需的人数，把多余的人遣送回家以事生产、经商。

海瑞深知，进行这一系列的改革必然会触及不少人的利益。但是他认为，眼看管辖下的百姓受侵害不管，而官府亦尽干一些不得民心的事，这就是县令的失职。有人对他说：做事不要太认真，太认真就会与人结怨，自取麻烦。对这些劝说，海瑞只是一笑置之。他明白这些人置国家利益于不顾，只会当老好人，以此获名获利和加官晋爵，是属于乡愿一类。

此外，海瑞虽对官员要求十分严格，但对人民却是处处宽容、关心。征调徭役是国家的一件大事，当时征调的办法，是不分贫富、各户人口多寡、劳动力强弱，实行平均征派，这样就造成了人丁单薄、生活贫困的家庭负担沉重，甚至无法进行正常的生活和生产。这些人家，即使卖儿卖女也不能完成一年的征派任务。经过认真的调查后，海瑞深感这种所谓平均征派的做法，其实是极不公平的，必须进行改革。于是他规定，富裕人家要多征派，多出钱粮；贫困人家则应少征派，少出钱粮。他还建议把一些不至于影响生活的工作让贫困人家去做，如当渡夫、当店铺的看守等。这些工作都比较轻，让较贫困的人去做，可以让他们有较多的时间和精力照顾家庭。

在征收粮食方面，过去也是不管土地情况．更不管地区情况，一

律平均摊派。海瑞则要求官员认真调查，按土地生产能力的不同，订出不同的征收指标。例如山地与田地就不同，三亩山地才相当于一亩田，这就不能单纯根据面积来征收。淳安与建德的生产水平、生活水平都有较大差距，淳安一个劳动力一天的工值约是银六钱，而建德则是一两二钱。这些地区的差别，海瑞在制定征派差役标准时都做了充分的考虑。

以前，官员的家庭用品基本上都是由官府购置，免费供给的。由于没有制度上的规定，离任的官员往往据为己有，把物品带走，而新上任的官员则可以重新领取钱银自行购买，其中，不少人夸大钱银的数字，从中牟取利益。于是海瑞决定学习两浙官府的做法，对各类官员用品，如床、盆、桶等，都做出了明确的规定。官员离任时必须认真清点财物，如有损坏，则要赔付三分之一的费用以做维修；如有遗失，则要如数赔偿。所有物品，离任官员均不得带走，直接转给新到的官员使用。过去转运粮、盐，押送者多报损耗，中饱私囊。海瑞对此做出了限制，规定每一两银的价值不得超过二分的损耗，从而杜绝了虚报现象，为官府节省了大量的钱财。

可见，海瑞是努力杜绝贪污浪费的现象，努力减轻老百姓的负担的。他到淳安上任后当即明确表示：以前每年举办名目繁多的宴会，费用都来自老百姓，严重加重了老百姓的负担。自今以后，只能在春节、入学、举人赴试、举人回乡、新官上任等全民喜庆的日子，才能公家组织宴会；其余的酒宴费用，均由举办者私人承担。

他又努力杜绝各种吃国库、用国库等化公为私的现象。例如，他根据淳安陆路难行、水路方便的交通特点，主张往来交通以乘船为主，一般情况下不供给马匹，改变了过去不管是否需要都配备船只、马匹的浪费现象，从中省下一大笔交通开支。

在公堂上，梨木板是必备的工具，大概每三年就要更换一次，每次更换的梨木板有六十多斤重。以前每片木板按银三钱八分七厘从库

正气凛然

海瑞

房中拨出，官员各自购买更换。海瑞对这个数字做了仔细的核算，发现这个价格不准确，于是按照真实的价格，改为每片拨银一钱六分一厘三毫，从而有效地杜绝了贪污和浪费的现象。以前官员往来到任，要有专用的车船迎送。魏立峰任布政使时，从便道往返，自己出钱雇用民船和船夫，不惊动政府驿站的做法，海瑞则大力提倡；而谭大初任江西驿传道一职时，对要求驿站接送来往人士进行严格核实，绝不会随随便便就配发马匹、船只和差役的做法，海瑞更是大加赞扬。他特地为此制定了各类官员的接待标准，不允许任何人滥用国库。他反复申明：凡是有人借官员往来的机会进行奢侈活动的，一律依法处置。

当时有这么一个惯例，若巡抚到地方巡视或游玩，地方官员不但要私自行贿，而且因为对方是大官，还要向他的随从送礼，他们认为如果不这样做，就会大祸降临。海瑞坚决抵制这一歪风邪气，表示"充军死罪宁甘受，安可为此穿窬举动邪"！他表示宁可获罪充军，甚至被处死也不做这些见不得人的事。更有甚者，官员如果想要进京任职，则一定要上下贿赂，否则寸步难行。海瑞却十分理智地看待这些事，他对人们说："尽天下而不为上官之赂也，岂尽不迁！又尽天下而惟上官之赂也，岂尽不黜！安可自以其身甘沟壑也。"就是说，如果大家都不向上级行贿送礼，难道就没有人进京做官了吗？如果大家都向上司行贿送礼，难道就没有人被罢官了吗？海瑞坚信一个人仕途的升降，不是送礼与否决定的，贪污行贿只有死路一条。他指出，只要大家都敢于抵制贿赂行为，则受打击的只能是贪官，正直的官员是不会受损的，该升官的自然会升官，该调任的也必然会被调任。但是如果一不注意掉进贿赂的陷阱中，就只能自毁一生了。

海瑞对以贿赂为政的风气是深恶痛绝的，按当时的潜规则，年终报账若不对上级府吏进行贿赂，则所造之账必然会被退，而海瑞宁愿一次甚至多次地重做账目，也不让这恶习滋长。

海瑞不但要求下属勤俭为政，而且还身先士卒，为下属树立榜样。他亲自定的《督抚条约》，对自己提出了严格的要求，并请下属依据条文对他进行监督。例如他定下属不得因他的到来而"鼓乐"；他到地巡视，不得专门为他配备"看伞""牵马"的役夫，更不许铺设地毡，张灯结彩；他出外的住宿地方一律使用现有的设施，不得专门购置新的物品。甚至对他在各地工时的开支，也有明确的规定：富裕的地方一天不得超过三钱，经济水平差的地方，一天不得超过二钱。

在海瑞65岁那年，朝廷开展清理与核实全国耕地的工作，目的是打击隐瞒土地面积而逃避征税、逃避徭役的地方豪强。一个负责丈量土地的小官，想借此机会讨好海瑞，于是计算海瑞家中田亩数时，私自减去了一亩八分地。但认真负责的海瑞对每一个数字都亲自复核，很快就发现了问题，当即对这个官员做出了严厉的批评，责令他立即改正。这件事很快就传开了，负责清丈工作的官员再也不敢徇私舞弊。

万历十四年（1586），海瑞已是73岁高龄的老人了。有一次，他部属下的一个御史举办了一次演出，动用了不少库房钱物。海瑞知道后，十分气愤，声言要按明太祖定下的法规，对这个御史处以杖刑。这件事引起了朝野百官的震惊，而那些贪婪成性的赃官，对海瑞自然就更是恨之入骨，想尽办法要铲除他。

到了74岁那一年，海瑞身体已十分虚弱，经常生病。兵部负责照顾他的人十分关心他的生活，在一次拨发给他的柴火费中，多付了7钱银子。这一做法却瞒不过海瑞，他马上把多余的钱送了回去，坚决不肯多占公家的一分一毫。

海瑞的一生是清廉的一生，是勤政为民的一生，也是与贪污、贿赂、营私舞弊等不正之风斗争的一生。在他死后，明神宗派礼部左侍郎沈鲤宣读祭文，称赞海瑞"综铨务而议主惩贪，领法台而政先厘弊"，这的确是对海瑞公正客观的评价。

海瑞

第 五 章

不惧权贵　公正断案

　　在明世宗和明穆宗时期，奸佞当道，忠良受害，朝政一片混乱。对于那些仗势欺人的权臣，海瑞是深恶痛绝，经常予以抨击，毫不妥协，并且海瑞还是一个原则性很强的人，他处事公私分明，绝不以公徇私。

巧斗恶少　树立清明

淳安虽穷，却是往来三省的交通枢纽，因此来往官员非常多。海瑞在淳安从政，有两件事广为传颂。

一是惩办胡宗宪的恶少，二是挡了鄢懋卿的驾，这两件事都与往来的官员有关。胡宗宪是统管江浙等七省的总督，权力极大，且得当朝首辅严嵩的宠信，红极一时。他飞扬跋扈，贪赃枉法，无所不为，是个很坏的大官。

胡宗宪的儿子仗势欺人，到处敲诈。各地的官员慑于胡宗宪的权势，不得不委曲应付。海瑞到淳安后，已经命令各驿站按低标准接待过往人员。胡宗宪的儿子到了淳安，驿站依然照章办事，不料触怒了这位大公子。他把驿站的工作人员捆起来毒打，还把他首足倒置地吊起来示众。海瑞知道了，带领衙役赶到现场，当即把那位大公子的随从抓了起来，痛斥了胡公子一顿并把他关了起来，没收了胡公子随带的几千两银子。事后，他立即写信给胡宗宪，信中说："大人曾经巡视地方，命令各州县一定要节俭，有官员路过不许迎送，不许铺张浪费。今天淳安县遇到了一个过路官员，为没有受到高规格接待而大发淫威，竟毒打驿吏。此人自称姓胡，冒充是胡大人的公子，我当然不信。我已没收了此人的钱款，现将此人送到大人处，请大人亲自处理。"此信送到胡宗宪的手中，胡大人满肚子恼火，却又抓不住海瑞的把柄，吃了一个哑巴亏，最后，不得不说了一句"海瑞做得还是对的"。事实上，胡宗宪在江南一带还是做过一些好事的，平倭就是其中重要一件。明中叶，东南

正气凛然

海瑞

沿海的倭寇十分猖獗，朝廷多次组织力量平剿，收效都不理想。作为浙直总督，胡宗宪对此不能不当成一件大事来办。为了彻底荡平倭寇，胡宗宪推荐28岁的戚继光担任参将，负责镇守宁波、绍兴、台州（今浙江省临海县一带）三府。

戚继光上任不久，就同总兵俞大猷一起，在龙山所一带同倭寇打了一仗，大获全胜，名声大振。以后，胡宗宪又支持戚继光练兵。戚继光招募了大量浙江籍兵丁，并强化训练，严格纪律。他根据江南水乡的特点，创造了著名的鸳鸯阵。经过严格训练的部队，纪律观念强，组织严明，加上先进的作战方法，战斗力大为增强，人们称这支军队为戚家军。在与倭寇的作战中，戚家军无往不胜，同各路平倭部队一起，终于彻底消灭了倭寇，使得东南沿海的百姓过上了比较安宁的日子。不管怎么说，胡宗宪支持戚继光还是做得对的。但是，人们还是不喜欢他，主要是因为他与有名的奸臣严嵩搞在了一起，对自己的儿子又放纵不管。

同时，在讨好皇上时，他可以不顾百姓的死活，拿着百姓的血汗去上贡，在这一点上，与海瑞有天壤之别。海瑞与他作对，当然会得到百姓的拥护。

在这里，有必要介绍一下严嵩（1480—1567），字惟中，号介溪，江西分宜县人。明孝宗弘治十八年中进士，颇有文采，其填词作赋定文章在当时都小有名气。中了进士后，他先做了几年官，后来身体不好，回家休息了十年，又读了不少书。严嵩人品很糟，特会逢迎拍马，讨好上峰。当上了礼部右侍郎（相当于现在副部长一级的官员）后，与皇帝接触的机会多了，能直接揣摩皇帝的心思了，于是更是投其所好，百倍邀宠。一次皇帝命他去祭告世宗父亲的陵墓，他回来编了一个故事，说是在去祭奠的路上，天还在下雨，可祭奠刚刚开始，天气突然晴朗起来，群鹤飞舞，这是天意神明。

这个故事把个相信迷信的皇帝迷糊得满心喜欢，马上下令，严嵩官职连升两级。后来，严嵩更是极尽吹牛拍马之能事，一步一步爬到了首辅的位置。严嵩知道皇帝重视斋醮（即祭天的仪式），而斋醮必须要用青词。这青词是一种写给"天神"的奏章表文，一般为骈俪体，因用原笔写于青藤纸上，故称"青词"。严嵩知道皇帝重视青词，就花很大力量去研究，每天晚上看得很晚。他知道暗中监视他的人会把这一情况告诉皇帝，皇帝一定会高兴；同时，把青词研究透了，他就可以为皇帝拟文邀宠。后来，皇帝两次要求众臣为他拟稿，他的文稿果然被皇帝看中，皇帝让人将这两篇文章存入史馆。以后斋醮，皇帝往往看不上别人写的青词，而只用严嵩的，严嵩由此得了个"青词宰相"的外号。其实，嘉靖时期几乎所有首辅，特别是中后期的首辅，差不多都是"青词首辅"，如果不会青词，根本没有可能担任如此要职，这是我国历史上极为特殊的一段。

严嵩靠吹牛拍马和阴谋诡计当上了首辅。当了首辅，他不为国家办事，不为人民谋利，而是变本加厉地结党营私，贪污受贿，盘剥百姓。为了巩固自己的地位，他千方百计地打击、排斥正直的同僚，极力培植死党，安插亲信到各个要害部门掌权。他的儿子严世蕃是他的代言人，他岁数大了以后，日常公务都是由严世蕃执掌的。客观地说，严世蕃在处理一般公务方面还是有能力的，他代父亲所写的公文也多次受到皇帝的好评。但严世蕃的人品比之其父是更加差劲，手段也更为狠毒，从普通老百姓到朝廷重臣，很多人都非常恨这父子二人。严嵩在各地都有很多亲信和死党，胡宗宪和鄢懋林都在其列。

严嵩作恶多端，招致了越来越多的不满，他岁数大了以后，已经没有多少精力处理日常事务了。他儿子又只知道吃喝玩乐，严嵩不得不自己动手批阅公文，所批多不得体，引起皇帝不满。终于他儿子犯了案子，众大臣弹劾他。起初皇帝念严嵩跟他多年，还不忍判以极刑，只是将严嵩免职，将严世蕃发配边疆。但严世蕃半路上逃回，纠集一伙地痞

正气凛然

海瑞

流氓准备刺杀揭发他们罪行的人，严嵩并不制止。这事被皇帝知道了，下令将严世蕃斩首，将严嵩赶出家门，全部财产查抄。

据说严嵩被抄家时，抄出黄金及各种纯金器皿和白银及各种银器价值几百万两，其他价值连城的珍珠、宝石、古玩、名贵字画等价值数百万两。严嵩被逐出家门后，没有人理他，两年后，死在了自己祖坟边的民居内。

不紧不慢　应对钦差

鄢懋卿是都御史（中央都察院的一把手），其权势比胡宗宪更胜一筹，他曾帮助严嵩除掉了政敌王抒，严嵩满意至极，收了他为干儿子，鄢懋卿因此更是肆无忌惮。他贪污受贿，穷奢极欲，骄横跋扈。嘉靖三十九年，他以左副都御史的身份和钦差大臣的名义巡视八省盐政。这位钦差大臣，在京掌握着各级官员升降的建议权，在外又有直接处置一切违法行为的决定权，所以，地方官员对他莫不毕恭毕敬。而这鄢懋卿则目空一切地大摆排场，他带领一大群家丁、奴仆，让他的夫人乘坐一乘五彩轿，找了12个放足女子为她抬轿。五彩轿后还跟着十几乘蓝轿，都是鄢懋卿的小妾。浩浩荡荡，威风凛凛。每到一处，不仅要有极繁琐的仪仗，各级官员隆重迎送，摆宴执行，还要赂送大量金银财宝，以博得鄢懋卿的欢心。

鄢懋卿一行到了淳安。淳安归严州府管（严州为今浙江建德），严州知府事先通知海瑞，让他做好准备，并特意关照要盛情款待，不得怠慢。海瑞不干，他最不买那些贪官污吏的账，但总要有个办法来对付。看到鄢懋卿在巡视各地前下发的通令，他有了主意。鄢懋卿的公文声称自己"素性简朴，不嘉奉迎。凡饮食供帐，俱宜俭朴为尚，毋得过于华侈，靡费里甲……"海瑞给鄢懋林写了一封请示，先全文引用了鄢懋林这个通令，然后说："卑职收到大人的宪牌，规定各地迎送从简。但最近听到各地的传闻，说是大人所到之处供应非常奢华，甚至有人造谣说大人每到一个地方都要置办宴席，每席费银三四百两，平时的伙食都是山珍野味，其他供应也极为华丽，用的夜壶都是银制的。淳安是个穷县，财力物力都有限，如果按传闻办事，不仅劳民伤财，本县无法承担，百姓也难以答应，而且这样做我们也担心违背了大人下发的宪令；如果按大人的规定办事，又怕那些传闻是真的，结果得罪了大人，这个责任可担当不起。如此，我们左右为难，特请示，请大人明示。"

鄢懋林看到这个请示，心想这海瑞果然厉害，但他又不能不批，于是批复海瑞，说是应该照章办事。

海瑞拿到这个指示后，不再为准备接待而兴师动众。为鄢懋林一行打前站的旗牌官到淳安后，看到淳安如此怠慢，大发雷霆，指手画脚。海瑞说，钦差大人亲自下令要求一切从简，你们凭什么违背大人的指示，派衙役把旗牌官抓起来打了一顿板子。

第二天，鄢懋林一行来到淳安。一行人共乘坐20多条船，威风八面。上岸后，一直走到离淳安只有几里地了，还不见有人来接。又行了多时，才见到有两人匆匆而来。前面的衣服褴褛，像是一个丐卒。后面的虽然穿着袍服，却也破旧发白，和边远地区驿站一般管理人员差不多。两人走到轿前，穿旧袍子的人走上前拜见。这鄢懋林走了这么半天才见到这么两个人，不由怒从心起。他厉声问道："来者何人？"那个穿旧袍的人朗声答道："在下淳安县的海瑞。"又问道："淳安的知县到哪里去了，怎么派你这么个人来迎候？"海瑞答道："在下便是淳安知县。"

正气凛然

海瑞

鄢懋林说："你这个知县，怎么出门连轿都不坐，成何体统？"海瑞说："小官愚昧，不知道有这个规定，说是知县出门必须乘轿。小人以为，只要认真治理百姓，百姓安了，便是尽到了责任，还请大人多加指教。"钦差大人说："难道淳安的百姓就全靠你一人治理吗？"这鄢懋林确实狡诈，如果海瑞说话略不注意，他就能抓住把柄，告海瑞个贪天功为己有，把海瑞给拿下。可海瑞不那么好糊弄，当即答复说："皇恩浩荡，百姓能过安稳日子全靠朝廷的恩德，小官只有奉命行事才是。只是淳安县太穷，又屡遭倭寇侵扰，百姓的生活很苦，在下为了减轻民众的负担，特意减免了百姓的赋税。小官为节省开支，也把乘轿给免了，礼节不到，还请大人原谅。"话说到这个份儿上，鄢懋林也无话可讲了，于是说："我这次是奉命巡视，今天到你这个地方，想借宿一夜，行吗？"海瑞说："当然可以，只是我这个地方太穷，实在拿不出好东西招待大人，请大人海涵。"

鄢懋林跟着海瑞到了县衙门。这衙门真是简陋，任何华丽饰物都没有，与那些家丁成群、奴仆成堆的官府如天壤之别。为节省开支，海瑞裁减了大批人员，打水砍柴、庭扫烧水全靠自己和家人动手。这次钦差

海瑞勇斗恶钦差

大人来了，他把妻妾都动员出来充作服务人员，自己亲自端菜送饭让巡抚大人一行享用，当然，饭菜之后再没有任何供品。那鄢懋林窝着火发不出来，那群骄奢成习的妻妾随从可忍不下去了，出出进进骂个不停。鄢懋林怕再出事端，只好对一行人说："今日不可与他计较，否则反会坏了自己的名声。大家暂且将就，来日有机会再同他算账。我闻他自号刚峰，以后落到老夫手中，不管他如何刚硬，我都要将他狠狠教训，彻底消灭。"当下，一行人悻悻地凑合住下，第二天一早，鄢懋林想，淳安的做法已经被传扬出去，再往下走恐怕没有什么油水了，于是决定不再去严州及其他县城，打道回府，直接返回北京。送行时，因为正赶上春耕大忙季节，海瑞没有征派民工，自己带了一帮县衙门里的官吏和兵丁，到江边给钦差大人的船队背纤，此举更使这位巡抚大人尴尬无比。

鄢懋林一行没有到严州，严州知府知道大事不好，一打听，原来海瑞怠慢了钦差大人，心想这不是坏了我的大事，将来巡抚大人怪罪下来，那还不得吃不了兜着走。他把海瑞叫到严州，拍着桌子破口大骂："你是个多大的官，竟敢如此大胆？"海瑞在知府大堂内，双膝跪在地上，身体却挺得笔直，听凭知府大人撒气，一声不吭。看知府大人骂累了，没什么好说的了，他叩个头就走了。

知府大人看到海瑞走了，觉得这事肯定没完，海瑞的官是丢定了，自己的乌纱还能不能保住也大成问题。于是派人到京城打听，却总也听不到什么消息。

直到后来看看没事了，他才向海瑞说了真心话："这次一闹，我们在接待官员方面可以松一口气了，这给淳安百姓带来了实际利益，我们其实要好好地感谢你。只是，这次真是难为你了。"

后来才知道，鄢懋林这次真是被海瑞气坏了，在回去的路上，他暗中对巡盐御史袁淳交代，一定要找个理由把海瑞劾倒。袁淳是鄢懋林副手，哪有不办之理。

正气凛然

海瑞

于是，袁淳也到淳安视察。海瑞照样不远迎不远送，依然一切从简。那袁淳生气地说："你这哪像个官府的样子。"后来，海瑞听说袁淳提出劾自己的意见，马上写了一份《交印文》送到袁淳手中。文中说道："七月听说大人举劾本人。根据有关规定，受到举劾的官员应该回避，但本人又没有收到命令，因此现在进退两难。君子难进易退，但退要退得明白。卑职自认为自己在任期间做到了上不负吾君，下不负吾民，中不负平生所学，我认定的目标，自会终生遵循。卑职若欲离任，须交印信，交仓库钱粮。卑职就任知县是皇上下的命令，现去职也应有一个明确的指示，以便按章行事。"这哪里是什么请示如何交印的公文，分明是一份宣言，公开与袁淳叫板，与恶势力较量。海瑞理直气壮，认为自己坚持圣贤之道，奉皇上的旨意办事，问心无愧，因此所写的"请示"，丝毫没有奴颜婢膝之态。袁淳接到此文，最终没有批复。

据说，后来鄢懋卿也琢磨过味儿来，他怕惹急了海瑞，真把自己一路受贿的事揭发出来，更加得不偿失，于是将此事压下了。不过，鄢懋卿对海瑞耿耿于怀却时时在各种场合流露出来，当有人推荐提拔海瑞任嘉兴通判（知府的副职）一职时，他和袁淳一起从中作梗，最终海瑞只是平调到江西兴国县去，仍旧当县令。

兴国任内　勤勤恳恳

嘉靖四十一年十二月，海瑞调任江西兴国任县令。在兴国干了一年半，时间不长，但海瑞已经有了淳安从政的经验，再接手兴国工作，对他来说是轻车熟路的。他工作热情不减，紧锣密鼓地裁减冗员，丈量土地，减轻老百姓的负担，干成了好几件大事。

一是整顿屯田。明初，为了减轻百姓的负担，朝廷决定在兴国县内划出一部分土地，由军队负责耕种。但实际上，军队并没有耕种这些土地，而全部将这些地佃出，军队坐收渔利。海瑞认为，在明初，这种现象情有可原，但以后世风败坏，军队让佃农多开垦了许多土地，还侵占周边农民的田地，百姓不敢说一个不字。海瑞将军队多开垦出来的荒地补给周围的农民，免去农民按年上缴给军队的军粮。这样，既减轻了百姓的负担，又使军队对管理自己的屯田更为精心。

二是发挥地多优势。兴国的地多，不仅坡地没开，平地也相当富余，且富余之田各村都有。海瑞充分利用这一优势，吸纳周边游民前来耕种，一来可以多产粮食，二来可以多收赋税，三来可以防止寇患。这一政策相当受欢迎，很快富余之地悉数被开垦出来，游民少了，治安状况也大有好转。

三是清理关卡。这关卡原来没有，后为了抵御盗贼和土匪，才在道口路边设置了不少关卡。这些关卡的职能后来发生了变化，成了一些地方官员捞取外快的工具。实践证明，这些关卡在抵御盗贼、消灭土匪方面没有什么作用。因此，海瑞取消了大部分关卡，调整了其余的关卡，明确规定其职责，使之在关键时刻发挥应有的作用。过去关卡的兵士在执行任务时，时常要敲诈百姓，其凶狠造成的危害甚至超过盗贼土匪。整顿之后，气象为之一新。

四是均赋役。兴国赋役的标准是早年制定的，多年过去，情况已经发生了很大变化。如，由于兵乱、灾荒等等，许多农民外出逃荒，村民数量大幅度减少，可赋役仍坚持原定标准，这样，余下的村民的负担就更重了。他们不堪重负，于是有更多的人流失，造成恶性循环。海瑞重新核定了各村的人口，丈量了各村的土地，确定了新的赋役标准，减轻了农民的负担。

五是取消"红帖马船"。"红帖马船"指的是在规定赋役之外，另

正气凛然

海瑞

外为招待过往官员而收取的费用，因为这笔费用没有明确规定，一些地方官员就借口加倍收取，中饱私囊。海瑞干脆将此项费用革除，断了可能发生腐败的漏洞。

六是招抚逃民。由于多种原因，兴国历年外逃的农民不少，农民外逃的基本原因是贫穷。由于外逃之后，他们本来应该承担的赋役就连年累计，一旦回来，则一并追缴，因此，逃民鲜有回乡。他们逃走后，大量土地荒芜，县里的实际收入减少。因此，海瑞下决心免去了逃民所欠的赋役，这一政策吸引了很多逃民回归，于是，土地又得以重新耕作，县里从中也得到不少收益。

七是停设哨官。在嘉靖三十年（1551）初设哨官，招募了一些武艺比较高强的人，让他们带兵巡逻，以保证安全。但实际上没有用处，因为，本来各村、各乡就都有自己的卫队，真的出现情况，哨官所带的少量兵丁也解决不了问题。因此，海瑞决定一概停设。

八是裁减冗员。这是海瑞在淳安认真做过的一项工作，有相当经验。这次做得更为细致和果断，根据兴国的实际情况，海瑞裁减了将近一半中层官员。

另外，还有一件事很快人心，即反对乡官张鳌。张鳌曾做过兵部尚书，是个相当于部长级的大官，退休后到江西南昌养老。他有两个侄子张豹和张魁，仗着伯父的名望，到兴国买木材。他们不是买了木材就走，而是作威作福，无恶不作，老百姓被他们害得不浅。

海瑞知道后，派人传讯，他们却不把海瑞放在眼里，以为伯父的名气大，没人能把他们怎么样，几次传讯都不来，甚至还跑到县衙门口大吵大闹。海瑞大怒，当即命人拿下张豹兄弟俩，以扰乱治安的罪名将他们送到府里，不料府里不敢得罪，将张豹兄弟俩无罪释放。海瑞不干，再次拿住张豹兄弟俩。张鳌出面写信求情，海瑞不理。张鳌又四处活动，托关系，想办法，终于又把张豹兄弟俩保了出来。可海瑞坚决不放过这两个坏蛋，不断写信申诉，终于把张豹、张魁判了罪。

海瑞在淳安、兴国任职的经历对于他本人有重要意义。他在最基层的政府机构中，学到了一般管理的知识，积累了必要的经验，同时，他向世人展示了自己的品格风貌。由于他的人品端正，刚直不阿，又一心为百姓办事，因此很受百姓欢迎。他离开淳安和兴国的时候，百姓自发组织起来欢送，几乎不得脱身，最后还是乘夜从小路脱身。百姓的支持，也坚定了海瑞的信心，使得他能够下决心批评皇帝，勇斗大官，威信也不断提高。

巧断疑案　赢得清名

海瑞自1558年5月到淳安县担任知县起，前后在淳安任职长达5年之久。为了使淳安县衙与各级官吏的工作能够步入有法可依的轨道，海瑞制定了一批约束各级衙门办事的具体"参评"办法，这一举措在当时也是一项创新性的行为。这些"参评"办法共有11篇之多，涉及对知县、县丞、童簿、典史、教官、阴阳官、医官、老人、里长、生员、吏蓉警等官吏或士人，对他们的工作任务及其职责都做了明确的规定，对在工作中可能出现的问题也一一举出，目的就是让他们在实际工作中能有所依据和参考。当然，这些参评对当时淳安范围内官吏失职以及社会风气败坏等也多有揭判。嘉靖四十一年（1562）海瑞将在淳安期间的工作文件汇编为《淳安县政事》一书刊布。这一书稿也为以后主持淳安县工作的官员提供了很大的裨益，紧接着海瑞任淳安知县的郑应龄甚至把《淳安县政事》作为自己的参考文献。海瑞对这些文章很重视，在编刻的序言"益己益人，举于是册赖之"，对这些文章的作用，一定要做好充分的估计。除《淳安县政事》外，海瑞还将自己在县任内的一些书信、时文、应酬文字等汇编《淳安稿》刊布。海瑞离开几年之后，接任淳安知县的郑应龄也采用《淳安县政事》，作为施政的参考，并且和海瑞通信研究县的政情，由此可见海瑞对淳安是怀有深厚的感情的。

海瑞在做官的时候，始终以减轻百姓负担为己任，为民伸冤，平反了不少冤假错案，老百姓把海瑞称为"海青天"，现在的民间还流传许多与海瑞有关的故事。

海瑞在就任淳安、兴国县令期间，曾亲手断了大批民事案件和刑事案件。这些内容极鲜明地反映了海瑞的司法思想，同时折射出当时这个庞大帝国的社会背景。由于海瑞断案如有神助，在当地有很大影响，因此，后来周边的几个县遇到难断的案子，也常请海瑞一起审理，有时，干脆交给海瑞代为审理。后来，他又担任应天府的巡抚，更是毫不含糊地严肃执法。他为人正直，清正廉洁，执法秉公，为此，后人称他为"海青天"。

意外杀人

传说建德县发生过这样一个案子。农民吴吉祥到他的义父吴湘家中打工，一次外出，在山上与打柴回来的吴镧相撞并发生口角。吴吉祥抽出一根柴棍乱打吴镧，不料手脚太重，将吴镧打死。

惹出了人命案子，吴吉祥着了慌，回到家中，结结巴巴地说不清楚。吴湘让他不要着急，好不容易才把吉祥的情绪稳了下来。当吴湘听说是打死了人，也慌了手脚。犹豫了一阵，还是将吴吉祥带到府里，交给官府法办。不料，吴镧的父亲吴云也到府里告状。

吴湘说吉祥不慎将吴镧打死，吴云却说吴湘指使吴吉祥故意打死吴镧，一件本来挺简单的事情被弄得复杂起来。建德县的知县经过审理，认定打人致死是吴吉祥的个人行为，是两人口角和冲突中的意外事故。按现在的说法，这叫过失伤人。吴云不同意这一判决，坚持己见，将状告到巡抚大人那里。巡抚同意吴云的说法，将吴湘和吴吉祥都抓了起来，判吴湘为斩罪。吴湘当然不服，坚决申辩。都察院将其申辩批转寿昌县知县一同审理，再次审理的结果与建德县的最初审理结论一致，认定是吴吉祥过失打人致死。鉴于几次审理的结果不一，此案又被批到淳安海瑞处审理。海瑞审理后认定，是吴吉祥在打斗中失手，将吴镧打死，并判定打死人要偿命，这次审理结果得到众人的一致赞同。

海瑞进一步追究几次反复的原因，原来是有些人想乘机泄私愤，结果将事情搞乱。吴吉祥与里老（村里有名望的老人）拱翠关系不错，这拱翠却与吴湘闹过别扭。这次吴吉祥出了事，拱翠想乘机整一下吴湘，就说吴吉祥是受吴湘指使打的人。这种说法虽然荒唐，但拱翠一说话，大家就都随声附和，于是问题变复杂了。

海瑞介绍了他作出判断的依据：开头，拱翠等人都说是吴吉祥打死了人。但是，当吴云出面告了吴吉祥后，拱翠等人却一下子都改了口，前后说法不一，从中可以看出破绽。而这吴吉祥孑然一身，没有父母妻子亲人。如果吴湘是为了摆脱自己的干系，只消将吴吉祥送给邻里，然后再绑送官司就行了。说吴湘是为了逃脱干系，才主动将吴吉祥送到县府，以给人留下清白的印象，这样的逻辑说不通。因为，官府肯定会认真查审，他无法保证真相不被查出。因此，如果心里有鬼，就不可能采取这样的做法。再仔细分析一下吴云的证词，发现他多次谈到吴吉祥是一个打工仔，没有社会地位。原来他认为吴吉祥身份卑贱，让他抵自己儿子的命不值，因此还要再拖出一个垫底的。

几个方面对照分析，可以最终认定事实，做出判决。而这次判决，再没有人找后账。根据能够查到的资料看，这可能是海瑞做官后所判的

正气凛然

海瑞

第一例人命案子。在断案的过程中，海瑞没有引用更多的证词证据，而是根据情理逻辑进行推断。其结果能够使众人信服，说明中国传统文化的底蕴与社会运行是一致的。在情理上分析得通，在实践中的行为也的确如是。这样的规律，对于社会运行的控制是相当有利的。海瑞受过传统文化的严格训练，因此在判案时能够很快理清头绪，抓住关键，得出结论。

菜园石板

遂安县有一农妇名吴阿伊，与其侄吴万相邻而居。家中有菜园一方，紧靠着吴万的住房。菜园外有一个水坑，人们在水坑上搭了一块石板为桥。吴阿伊家雇了一个女工，虽然有个相当清秀的名字叫青香，人却长得五大三粗，性格也相当粗野。一天，青香姑娘到菜园去挑粪浇菜，到水坑边却发现石板不见了，于是在水坑边叫骂起来。吴万听到有人叫骂，认为这是存心和自己过不去，于是叫义子法才将青香拖过来拳打脚踢，教训了青香一番。后来青香被扶回家，不料四天后竟气绝身亡。

吴阿伊告到府里，说青香被吴万打死。这吴万也往上告状，说青香是被毒死的。吴阿伊得知吴万告状，于是反控吴万毒死青香。受理此案的县令顿感棘手，便将案子交到州府。州府先将此案发往寿昌县，由李县令审理，后又转到海瑞手中复审。海瑞认为，青香确实是被打了，因为有验伤结论。但根据验尸结果，青香也确实服过毒。海瑞的解释是青香自己服的毒，其根据是：说青香被吴阿伊毒死不合情理，吴氏孤身一人在这里生活，其儿女都远在他乡，自己岁数也大了，只有青香相依为命。她与吴万原无冤无仇，不可能以毒死青香去陷害吴万。何况，青香不在了，对吴阿伊本人的生活会带来许多不便，因此，她不可能干出

这样的事。说吴万毒死青香也没有充分的理由，吴万家距吴阿伊家有15丈远，青香被接回时，自己还能步行，四天后才死去，说明当时的伤并不太重。吴万要害死青香只有一个理由，就是要灭口，防止青香到处告状，给自己带来麻烦。但青香本来伤得不重，吴万对此非常清楚。仔细掂量，害死青香，只会给自己找来更多的麻烦，吴万不至于连这一点都不明白。

说青香被毒死，主要根据是一个名叫冬莲的姑娘提供的证词。这冬莲在最初的审理时一直没有出现过，而后来寿昌县令进行审理时，她在重刑之下才招出了此说。她说拌毒用的是豆腐花，这违背常识。一般人下毒或服毒，没有用豆腐花拌和的，因此，冬莲的证词站不住脚。如果吴万下毒，青香定会有所反应。但她回到吴氏处时，对此没有丝毫表现。青香死后，吴阿伊恨吴万，于是说她在青香床头发现过一只碗，怀疑这里有问题，并取出敲碎保留下来，但这碗并不能说明问题。吴万与吴阿伊是亲戚，当时扶青香回来的也是他们共同的亲戚，在这一过程中，没有一人提起过所谓服毒的事，显然，下毒一说有些牵强附会。

但青香确实服过毒。海瑞了解到，当地农家一般都存有少量砒霜和断肠草，主要用于菜田除虫。民间发生争执，小民觉得受到委屈或侮辱，常会服毒自杀。海瑞所在的淳安县就有服毒不给埋的碑文，说明这一习俗在当地久已存在。由此可以断定，青香被打后，觉得没有脸见人，于是服毒自尽。

这一案件说明，当时政府对于人命案子是相当重视的，一般总要花大力量将其查个水落石出。如果一下子查不清楚，则要转到外县复审。这一个案子就转了三个县，最后转到海瑞手里，说明大家对海瑞的断案能力已经有所了解。这类案子要断清楚，前提是对农村生活有相当了解。海瑞少时家境贫寒，经常下地参加生产劳动，因而熟悉普通农民的日常生活，所以，他能发现冬莲所说的是假话。而当地农家存有砒霜和

正气凛然

海瑞

断肠草，更是只有了解农活儿的人才会想到。海瑞少时的艰苦生活，竟然对断案有了很大的帮助。

兄弟争山

胡胜荣、胡胜祖、胡胜佑、胡胜恭弟兄四人为与邵时重争夺山地闹个不休。一天，胜祖因病去世，胜荣到县府告状，说胜祖是非正常死亡，是邵时重打死的。淳安县汤县丞接到诉状后，开棺验尸，没有发现异常。胜荣见此，同胜佑、外甥邵镛一起，买来一大桶朱砂往胜祖身上涂抹，并用火烤烟熏，以使涂抹上去的朱砂颜色更接近血迹，他们再次到县府申诉。

这次，海瑞亲自审理此案。经过一番盘问之后，决定再次开棺验尸。

开棺之后，海瑞发现尸体到处都是红色血迹，但是这血迹又不太正常。一般挨打后形成的血迹，其血迹是凝聚的，多是隐约可见，若是重伤，则应该是每一伤痕的四围呈青紫，或是带有一点黑色，而轻伤的红应该是淡红色。凡是打伤，则不仅皮肤表面有红，深层的肌肉和骨头都会有淤血。并且，打伤的血迹总是斑斑块块的，不会是大片大片的均匀红色。海瑞用酒和醋进行处理，很快将尸体表面的污垢除去，所有痕迹立即显现出来。当天由于正在下雨，且已近黄昏，在雨伞底下看不清楚，为慎重，海瑞决定第二天再验。

第二天天气晴朗，掀开盖布后，在远处围观的群众都嚷嚷起来，因为胜祖身上的红太不正常了。许多人都说，这肯定是涂的朱砂。海瑞问胜荣等人是怎么回事，胜荣辩解说，这是前一次汤县丞验棺后用朱砂做的标记，时间一长，布上的红色渗透下来，搞成这个样子。海瑞于是再进一步解剖尸体，由于开头洗涤尸体已经使盆中的水变红，因此无法看清骨头的颜色。海瑞用磁片轻轻地刮，很快，所刮之处红色褪尽，只有骨缝中还有红迹。然而，这红色是鲜红的，与被打后淤血形成的颜色完全不一样。

胜荣等人也确实幼稚得可笑，为了想证实胜祖是被人打死的，他们用了过多的朱砂，恨不得将其满身都抹红了才好。他们不知道，真正被打死的人是不可能有这样的伤痕的。汤县丞第一次验尸后，对尸体状况作过详细的描写，并妥善地将尸体放置好。这次开棺，尸体的姿势被改变了，一看就知是被作了假。海瑞其实一开始就发现他们搞了鬼，但是，为了使胡家兄弟无话可说，他才一步一步地检验，最后完全驳倒了胡家兄弟的胡搅蛮缠。

海瑞回到府中，坐堂审问胡家兄弟和邵镛，迫使他们交代了自己的动机。原来，胡家兄弟恨邵时重，因为邵过去占据了曾经属于他们的山地。这次胡胜祖死亡，他们以为有可乘之机，想把邵时重送进大狱，夺回山地。而那邵镛，则是因为过去与邵时重发生过财产争执，结下仇恨，想借机报复。当然，陷害他人的胡家兄弟和邵镛都被治了罪。

他们几个人的文化不高，对法制的严肃性没有认识，有时为了自己的一点小利，可能在极为重大的问题中乱搞。海瑞的办法，是不为所动，摆出显而易见的事实，彻底驳倒他们。一旦驳倒，则对诬告者治罪，以镇邪气。这次胡家兄弟想在乱中取胜，不料却把自己搭了进去。胡胜祖死了还被反复折腾，这本来就不合伦理常情。胡家其他几个弟兄也被治罪，真是偷鸡不成反蚀一把米。看到这样的结果，胡家兄弟后悔不迭。

抓盗伤人

浙江水塘多，村民多有在塘内养鱼的习惯。邵守愚和邵守正兄弟共同继承了父亲传下来的一口水塘，为了合理收益，两兄弟轮年使用。嘉靖三十六年，轮到守愚养鱼，这年鱼塘多次被盗，守愚对此相当恼火。

八月下旬，守愚带着邵天保去捕盗，并特意带上一支梭镖。到鱼塘边，发现有两人正在偷鱼，守愚大喊一声，只见其中一人背着渔网飞快地逃跑了，另一人却被他们赶上。守愚一枪将此人扎倒，这人喊了一声，守愚不去理会，毫不留情地又连扎五枪，当场将盗鱼人扎死，这才发现死者是他的弟弟邵守正。邵家兄弟的母亲宋氏告到淳安县府，洪知县审理此案，觉得如果是抓贼，不应该连扎六枪，看来是有仇。此案又转到遂安县，遂安的朱县令也认为连扎六枪不会是误伤。此案再转寿安县由彭知县审理，彭知县认为可以引用"杀伤缌麻弟律绞"，即自家的家僮引他人入室，盗窃己家财物而被杀伤，则伤人者以细麻绳绞死偿命。判决转到巡抚那里时，巡抚将此案批转回来，让新任淳安知县海瑞重新审理。

巡抚批回，说明他对此案有不同看法。海瑞于是将案卷调来重新阅读，发现宋氏的状词中，有守正被六人扎死之说。海瑞认为这不可能。此案已经过去一年，如果是六人同时所为，不可能一点风声也不透露。

如果是六人同时所为，其中五人为逃脱法律的惩罚，花钱物买通一人承担责任，一年过去了，六人没有为相应财物发生争执，而守愚又没有增加什么财产，看来也不真实。何况，守正家亲属很多，兄弟守中、守和等与守愚相邻而居，这一时期以来，没有听到任何其他线索。由此可以认定，守愚在扎贼时，黑夜慌乱，不大可能认出这就是自己的弟弟。虽然守正喊了一声，但仅此一声，没有其他言语，在那种情况下，确实无法辨别。所以，守愚伤人，确属误伤，在此前提下，引用"杀伤缌麻弟律绞"不妥。

这一命案审理过程很长，先后转了三个县，海瑞上任后又转回淳安，可见，人命关天，当时官府对人命案的确是相当慎重的。在一般情况下，被告不服，他们就不能轻易下结论。偷盗的事在任何年代都有，打击偷盗，是政府的重要任务。但是，在农耕社会，面对分散居住在广大农村的农民，政府显然没有力量进行更为有效的治理。明朝时建构起以乡村为单位的管理组织，按照中央政府的规定订立自己的乡约。每个村内都设有"申明亭"和"旌善亭"，前者为村中里老仲裁产业、婚姻、争斗等纠纷的场所，后者则用以表扬村民中为人所钦佩的善行。从这一案件的情况看，这种组织的效力相当有限。因此，海瑞更主张抓教育，希望用道德自省的力量实现更为有效的治理。在淳安审理类似案件，更使海瑞坚定了这方面的信念。他希望在农村真正形成这样的规矩，即幼者必须追随长者，女人必须服从男人，没有知识的人必须听命于有教养的人。这是古代中华封建帝国反复宣传和强化的观念。当然，这一观念是如此的脆弱，从来没有完全兑现过。

三两白银

桐庐县徐氏是农民徐继的妹妹，嫁给戴五孙为妻。出嫁时，徐继的母亲拿出三两银子，借给戴作为小本经营的本钱。不承想这三两银子借出后，徐继多次去讨，却一直没能收回。一天，戴五孙的朋友潘天琪路过，顺便到戴家看望朋友，并在戴家住下。这天戴五孙出门，正遇上徐继。戴将徐请到家中，买酒烧菜，招待徐继。席间，徐继又说起三两银子的事，潘不高兴起来，与徐发生争执，越吵越凶，最后动起手来。

戴的力气大，徐打不过，就抓起石头砸戴。趁戴被石头砸晕的时候，又将戴推到水塘中，戴在水中扑腾了几下，竟沉了下去。开始，徐在气头上，没有在意戴沉入水中的时间。后来老不见戴起来，才发现事情不妙，待将戴打捞上来，人已经咽气了。

闹出了人命，大家都傻了眼。于是，一不做二不休，手忙脚乱地搬来几块大石头，压在戴身上，使之沉入水底，企图掩盖。

世上没有不透风的墙，戴被淹死的事被大家发现了。先是桐庐县府进行审理，鉴于戴五孙死时，正好潘天琪在他们家，并且他们家还摆上了酒席，便认定徐氏与潘天琪有奸情，因此谋害亲夫，以达到与潘结合的目的。据此，拟判徐氏凌迟处死（古代一种残酷刑法，分解犯人身体使其死亡）；判潘天琪奸情害命，处以斩首；徐继参与谋杀，绞刑处死。此案再转到杭州府复审，杭州府的刘推官经过审理，认为奸情不能成立，改判斗殴伤人，判处绞刑。这一判决已经得到了巡按的批准，后来又被都察院将案子送到大理寺，遭到驳回，令桐庐县赵知县、建德县林知县、遂安县罗知县会审，仍判定徐氏处凌迟、潘天琪问斩、徐继处以绞刑。

徐氏不服，一再喊冤。杭州一位姓崔的巡按到桐庐视察，接手此案，再次提审徐氏。徐氏哭诉说自己已有二子一女，且夫妻二人平时感情很好，没有理由谋杀自己的亲夫。崔巡按觉得徐氏说得有理，决定重新审理此案。

海瑞这时到淳安县任职已有多年，经他手审理的案子不少，由于他经常能准确地判明是非曲直，因而名气渐起，崔巡按决定将这个拖延已久的案子交给海瑞来审理，并让建德县的胡知县参与。

海瑞接到此案，立即重新调阅了全部卷宗，他在过去的审理中发现了问题。在案件问讯记录中，曾认定潘天琪、仆人潘小毛及徐氏兄妹四人一起密谋，共同杀害徐氏的丈夫。海瑞认为，这一分析尤其站不住脚。海瑞指出，谋害人致死是极大的罪恶，任何人即使有此谋，也不可能张罗多人参与。何况，将戴害死，他们自己并不能获得更多的钱财。至于说徐氏同其哥哥徐继共同谋事，于情于理也说不通。徐氏真的要想杀死丈夫，不应该找他人共商。何况，夫妻二人感情并没有破裂，他们有二子一女，今后的路还很长。有人说徐氏想嫁给潘天琪，但潘是有妻室的人，即使嫁过去也只能为妾，对她自己没有任何好处。当然，徐家借给戴三两银子，戴一直不还，徐氏对此亦有不满。

因此，徐继与戴五孙打斗时，徐氏未加干涉，情理上说得通。因此，海瑞断定，此案为过失伤人。潘天琪、潘小毛之所以在过去的审理中招供，完全是害怕刑杖的结果，至此，此案大明。

同样的案子由不同的人审理会得出不同的结论，说明当时的司法制度有明显缺陷。大家都是依据情理而不是证据判决，各人的推断逻辑就可能出现差别。

第一次判决说徐氏有奸情似乎符合情理，海瑞做出的第六次判决认定为过失伤人却也很在理。事实上，再圣明的人在这样的情况下，都不可能确保自己的判断一定完全准确。

争抢稻谷

何孟敦是淳安县的粮食大户，自家有一个大仓库，周围不少人缺粮时，都到他们家借粮。这年，正遇上大灾，何家陆续借出许多粮食，仓库只剩下粮食150多石了，这天，方淙、方希正一起到何家借粮36石。

因为他们自己没有仓库，于是，粮食借出后，暂时存放在何家仓库的西头。但在搬运粮食过程中，方天禹等人前来阻止，于是发生争吵，不知谁先动了手，打成一团，运粮口袋扯破，稻谷撒落在地。

方淙告状到县府，说方天禹等抢粮，县府不准。又到地区按察司告状，按察司将此案批回淳安县审理，海瑞亲自接手此案。经过细致的调查，海瑞发现，方天禹一伙这天也是向何孟敦借粮，他们借的粮更多，共120石。两方借粮，都是为了度过饥荒，动机明确。说方天禹抢粮根据不足，虽然他们一伙人确实持有器械棍棒，但这并不奇怪。当地民间运粮习惯带上一些防身器械，防止大灾之年粮食被抢。方天禹到何家运粮，所带不少防身器械仅是常例而已。何孟敦作证，方天禹这天很早就来运粮，前后已经运了三次，第一次就带来了器械，因此说他们执械抢粮不对。

两家人运粮，都是因为自己缺粮。从何家借了粮食，却都没有运够数，都觉得自己的粮食少了，怀疑有人动了自己的粮食。如果方淙将粮食运回自家仓库，恐怕也不会发生太多的问题。但方淙仅仅是将所借的粮食从何家仓库的东头挪到西头，这就给方天禹一伙人形成错觉，以为这是在搬运他们的粮食。他们都是小户，借来一点粮食相当不易，听说自己的粮食被别人劫走，岂能不急，理所当然地上前阻止。而方淙也不是富户，指着这点粮食度过饥荒，有人不让自己运粮，也急红了眼，双方发生争吵后，局面更无法控制，结果发生打斗。

在两次诉状中，方淙都说自己这方有人挨打。但头一份诉状中所说的，是有人被打倒，后一份诉状中，又说有两人几乎被打死，前后说法不一，看来，有捏造诬告的嫌疑，但方淙之害怕失去粮食的心情可以理解。方天禹阻止对方运粮，其出发点是保证自己得到足够数的粮食，他们都是小户，其情更可理解。至于说粮食数量不够，海瑞专门询问何孟敦，何交代说，账面库存应该有150到160石粮食，但存在库内时间不短了，何况进出量粮时，可能也有误差，因此最终数量可能对不上。据此，海瑞判了个两方互相道歉，握手言欢了结。海瑞在自己的文集中将这个案件收入，说明他对于在灾年可能出现的骚乱相当关注。一旦遇灾，最敏感的问题肯定是粮食，因此，此案一出，海瑞立即接手审理。

虽然这次审理只是一次调解，但尽快消除火星，尽快制止可能诱发的更大事件，无疑是海瑞极为看重的事情。

先祖坟地

淳安县的何耀宗家和何孟荣家在陈岭共有一块坟地，坟地已经安葬有何家的先祖。嘉靖二十六年，何孟荣贪图风水，将父亲何民彦安葬在先祖何环坟右。此举立时引起风波，向耀宗认为何孟荣独占阴地不公，于是到县府告状。县府判何孟荣将坟迁出，何孟荣不执行判决，何耀宗于是将祖母王氏的尸棺葬于何民彦的坟上。何玄辅、何玄龙见此，将各自父祖的尸棺抬来，置于何环坟旁。何孟荣一看事闹大了，于是到按察院告状，说自己母亲的尸骨被别人挖出乱抛。按察批由寿昌县县令接手此案。

寿昌县的彭县令到实地踏勘，发现坟地新造的墓穴不少，遂令各家都将后造墓穴迁走。何孟荣不服，认为自己先占的坟地，应该归自己，应该迁走的是其他各家墓地。他又告状到分守道，分守道批给海瑞，要求海瑞尽快结案。

海瑞也到实地调查，发现该地最佳位置上有四穴坟，其中两穴葬何氏高祖两口子，另两穴葬太祖两口子。在这四穴墓下，留下了八穴墓的位置，正是其子孙葬身之处。何孟荣抢先葬入了自己的父亲，乱了先前定下的秩序，其目的是为了抢占风水。他这一开头，引发了后面一系列问题，人人不甘，个个动手。财力不壮的如何玄辅、何应宗、何玄龙，将棺柩停在何民述、何民魁、鲁氏之柩的上面，财力较好的如何耀宗则将王氏的墓压到了何民彦坟上，整个坟地被弄得一团糟，根源在何孟荣的惹是生非。何况，何孟荣动手葬父之后，他的弟弟何仲荣、何季芳都到府里告状，说划阴不均。按察院曾令何孟荣迁坟，让兄弟几人各卖田

正气凛然

海瑞

两亩，用所得银两来安葬他们的父亲，但何孟荣一直违令到今。

何孟荣看海瑞调查进展顺利，觉得可能会出现对自己不利的局面，于是又提出，祖坟所占地应有一丈八尺，自家的何包三后来又卖给他一块地。海瑞立即驳斥，说何民彦的坟就在一丈八尺之内，哪里还有什么何包三的位置。何家祖上去世后，置下这样一块坟地，同宗子孙都有同等权利分得一块，后来分地的界限都没有划定，何包三从何确定他自己有一块地，并将其卖给何孟荣？明明是何孟荣为了自己多占坟地，生拉出个已经去世的何包三来充数。

何孟荣母亲的尸骸被挖出乱抛，此事更站不住脚。何孟荣母亲张氏的柩在底下，何耀宗母亲王氏的坟在上面。王氏的尸骸未动，张氏的尸骸不可能被动。有一个情节让海瑞非常生气，何耀宗为了不让何孟荣独占阴地，自作主张，乘夜挖坑下葬自己的祖母。

虽然没有挖开何民彦的墓，但挖到了何民彦冢砖三寸，并在此位置葬下了自己的祖母。海瑞认为，将自己的祖母葬到了伯祖之上，是极为恶劣的行为。

在调查中海瑞发现，原先留下的八个空坟穴，已经被占用了六个，何孟荣、何耀宗家各占三穴，倒也公平。余下两个空穴，各家的说法不一，海瑞不再纠缠，做出决定，将何玄辅等后来浮葬于此的尸棺全部移走，将王氏、何民彦的尸棺重葬于尚剩下的两个空穴之中。至此，陈岭坟地没有多余空地，责令不得再葬后人。

一块坟地，能折腾好长时间。海瑞了解中国传统文化，知道如果阴地分不均匀，可能会酿出大祸，于是，下了相当大的功夫，终于基本摸清了问题，做出最后判断，这说明海瑞对于可能在民间引起大纠纷的问题相当重视。虽然这类案子需要占用很多时间，海瑞还是不敢马虎，仔仔细细地一个环节一个环节揣摸，正体现了他反复强调的"慎之、慎之"的精神。由于他的调查更为细致，他做出的判断也更合乎实际，因此，他的判决往往更容易被人接受。

严厉执法

在封建社会，办案是地方官员的主要职责之一。海瑞以正直著名，慢慢地名气更大了。因此，不管他到什么地方任职，都可能收到许多诉状。他担任巡抚时期曾下大力重新丈量土地，要求归还土地的申请和诉状更是像雪片一样飞来，最多时，一个星期能有好几万件。这样多的案件，当然不可能一一审理，但海瑞仍把办案当成是了解民情的重要途径，坚持办案。

为了保证百姓申诉的途径畅通，海瑞开门办案，到一个地方就把告示先发出去，不管下榻在什么地方，海瑞总是敞开大门，正襟危坐，随时接待群众来访。每到乡村，他都要专门会见村长、里老，此举受到百姓的热烈欢迎。许多时候，百姓知道海瑞来了，都要到他的住所去看一下，即使没有案件申报，也想看一下海瑞这个人。只要海瑞在，他们就感到宽慰和高兴。

不过，海瑞也知道，民间许多事情挺复杂，日常的纠纷各式各样，如果接待所有人，他搭不起时间。于是，他在告示中说明，只有告官吏贪污、受到冤枉、不服过去判决的或确有民间疾苦的，才可以找他告状。与乡村里老相见时，则"只谈本里利病及府县民事。涉及衙门府县，耳属于垣，彼有不可言不敢言者，以此通之"。执法必严，说到做到，海瑞对于违法乱纪的现象从不手软。据说海瑞在任南直隶巡抚时，遇到这样一件事情：

御史陈海楼用红票买米，说是为了接待上级官员，因此只付给商家半价，商家敢怒不敢言。这事被秀才何敬卿知道了，取到有关证据后，上都察院击鼓告状，海瑞当即受理此案。当知道有人仗势欺人时，海瑞

海瑞像

勃然大怒，决定严惩。其他御史为陈海楼求情，说这是过去形成的惯例，陈只是按例行事，并非顶风作案。看在众人的面子上，海瑞免其重责，但仍杖责三十，并将陈枷锁在其自家衙门前，"一时六部两衙门与府县，闻风凛凛，不敢妄取市物"。陈海楼为此记恨海瑞一辈子，直到海瑞去世，陈到海瑞家中，看到海瑞竟如此之清苦，甚至比一般贫民都不如，遂感叹："回吾怨恨之心矣。"这真是"其身正，不令则行"。

不过，秀才何敬卿并没有因此事而受到重用。他告了陈海楼的状，又怕以后遭打击报复，于是向海瑞要一"执照"，海瑞大笑说："那御史是朝廷明文任命的，这都没有用处，说拿就给拿掉了，我海瑞的一张纸能有什么用处。我曾以为你是一条汉子呢，原来也是畏首畏尾，这样的人如何用得？"把秀才赶了出去。海瑞容不得那些奴颜婢膝的人，秀才怕事，他当然不会用。

海瑞前前后后判过不少案子，这里只辑录了其中很少的一部分。从他处理的这些案例中我们发现，海瑞断案，深深地受到儒家"礼"的制约和影响，他处理过许多案子，其中的一部分是事实清楚、证据确凿的，大部分却是是非难辨、证据模糊的。对那些搞不清楚的"疑狱"，海瑞的办法是："凡讼可疑者，与其屈史，宁屈其弟；与其屈叔伯，宁屈其侄；与其屈贫民，宁屈富民；与其屈愚直，宁屈刁顽。事在争产业，与其屈小民，宁屈乡宦，以救弊也。"自幼苦读圣贤之书，海瑞的思想体系已经相当完整，在处理疑案时，他始终掌握这样两条原则，一是君臣长幼有序，二是照顾小民的利益。在处理涉及家庭成员矛盾时，他强调长幼，宁屈其弟、其侄，但在处理官民、贫富间的矛盾时，他旗帜鲜明地站在了贫苦农民的一边。

正因为他坚持站在广大人民一边，因此，人民是拥护他的。

海瑞强调"执法必严"。为了保证政务的顺利实施，海瑞不仅制定了比较完整的"条约"，还一再强调对所有违反律条的行为要"直究到底"。特别是对各级官员的不正之风，他更是从不手软。据说，海瑞就任南京吏部右侍郎期间，共谪遣御史20人，降9人，黜3人，可见其执法之严。海瑞的执法风格产生了明显效果，以至于海瑞到了一个地方，有劣迹的官员会紧闭家门，躲避他乡。法律有如此强大的影响力，可谓到了其最高境界了。

海瑞执法，坚决反对"两可调停，含糊姑息"的作风，处理任何案子，他从来不顾及案子的背景。不管这个案子过去曾被哪一层次的官员审理过，不管这个案子涉及什么人，只要海瑞接手，就一定会被穷追猛打，直到弄得水落石出。因为海瑞自己没有把柄被别人捏住，他的性格又格外耿直，因此，他什么问题都敢追问，一旦发现问题，能够坚决公正判决。当时就有许多人说他"不苟且，不迁就"。"大事化小，小事化了"，是当时政界流行的作风，当时许多官员遇到互有关联的问题或案子，习惯于互相包庇，息事宁人。海瑞的做法，与他们格格不入，因此遭到了许多官员的非议和反对。

第 六 章

敢于直言　舍命进谏

海瑞为官清正，所做的每一件事都是从国家、人民的利益出发，没有谋取个人利益的私心，他认为有损国家、人民利益或者是于理不合的事情，都会挺身而出，坚决反对，甚至是面对的人是当时的皇帝，海瑞也是备棺上疏，舍命进谏。

方术皇帝　沉迷成仙

　　嘉靖皇帝刚愎自用，专听顺耳之言的作风，始于迎接其父母进京的礼节之争。明朝有个规矩，所有皇室的支系，包括皇帝的叔父、兄弟以及皇太子以外的儿子，一到成年就应当离开京城，到自己的封地去生活，这是为防止朝政受到他们干扰而采取的措施。这些封地位于各省，有极为富丽堂皇的宫府和丰厚的赡养，但绝不准干涉地方政事。

　　嘉靖即位之前，就同其父母住在自己的封地内。由于特殊的机遇，嘉靖当上了皇帝，立即想到要摆脱过去长期不介入政治的尴尬，要抬高自己父母的地位，要将他们接到京城，这就引发了一系列问题。

　　嘉靖皇帝即位后的第五天，就令礼官讨论如何对其父亲进行崇祀的问题，其实，就是要解决给其父母封号的问题。嘉靖认为，只有给其父母加以封号才能表达自己的尊敬。首辅张廷和等人以嘉靖并非正德皇帝的亲生儿子为由，提出，参照历史上的故事，嘉靖最好"以孝宗为考"，就是认孝宗为父，而称嘉靖的父母为"皇叔父母"。嘉靖没有接受这个方案。后来，观政进士张璁提出，"应该另为兴献王（嘉靖的父亲）在京城建庙，这样才能充分体现皇帝不忘父亲养育之恩的孝心。"嘉靖得此奏如获至宝，高兴地说："此议实遵祖训，据古礼……此论一出，吾父子必修可完也。"当即下令："今尊父为兴献皇帝，母兴献皇后，祖母为康寿皇太后。"

　　首辅张廷和没有执行这一指令。张廷和是前朝重臣，受先皇之命而辅佐嘉靖皇帝，因此，他还敢对皇帝说三道四。这年九月，嘉靖的母亲

正气凛然

海瑞

要从安陆进京，走到通州时，得知朝廷大臣打算让世宗以孝宗为考（认孝宗为义父），大怒说："怎么能让我的儿子变成他人的儿子！"于是留在通州不走了。嘉靖看了，马上哭着到皇太后那里去，说愿意立即退位，回家去奉养父母。事情弄僵了，张廷和也没有办法。张廷和以皇太后为挡箭牌，拟了一个通知说，对嘉靖的父母，"父兴献王宜称兴献帝，母宜称兴献后"，暂时了却了这场冲突。

事情却并没有完结。事后，张廷和利用手中权力，不断排斥在这一冲突中与自己意见不合的人，并将自己所信任的人安排到各个重要岗位。正德十六年（1521）的十二月，皇宫内的清宁宫遭火灾，张廷和等称这是由于加称"兴献帝、后"，而"祖宗神灵有未悦"的缘故。年少的嘉靖对老臣张廷和并不买账，但却对神灵相当迷信，于是同意了张廷和的意见，"称孝宗为皇考，慈寿皇太后为圣母，兴献帝、后为本生父母，而皇字不复加矣"。这次，张廷和算是胜利了，但他对皇帝屡执异议，已经引起皇帝的不满。张发现了这一点，于是多次上疏，一再求退，最终于嘉靖三年，得以告老还乡。

张廷和退休前，南京吏部主事桂萼经过与张璁讨论，又给世宗写了一个奏疏，坚持他们曾经表示过的观点，"称孝宗曰皇伯考，兴献帝曰皇考，而别立庙于大内"。皇帝感到此奏甚合自己的意思，下令文武百官讨论，不料受到大多数人的反对。皇帝盛怒，立召张璁等人进京，任命其为翰林学士。经过几番推敲，最后皇帝下令，称皇太后为"圣母章圣皇太后"，去掉了原来尊号前加有的"本生"二字。

去掉"本生"二字，演出了当时大礼之争最激烈的一幕。嘉靖三年（1524）七月，嘉靖帝在左顺门召见众臣，宣布去掉"本生"二字。各部门的官员纷纷上疏反对，最后，200多名官员一起跪伏于左顺门不起，要求皇帝下旨撤回前述命令。皇帝两次传旨要求他们速退，他们不从。世宗大怒，下令逮捕了为首的丰熙、张忡等八人，余下的人乃撼门大哭，百官皆哭，"声震阙廷"。

这下皇帝更生气了，遂命逮捕134人下狱，另86人姑且待罪，终止了跪伏事件。后来，丰熙等八人被发配从军，其余四品以上官员罢官，五品以下者皆处以杖刑（即棒打）。一通棍棒下来，17人由于伤势过重而先后死去，其余的，再也不敢为争礼之事与皇帝论争了。

这场争论持续了好几年，其结果，是皇帝实现了自己抬高父母地位的愿望。更重要的，是世宗皇帝不听逆耳忠言，专纳谄谀之词的开端，此后，敢于批评皇帝的人就很少了。海瑞指出："天下人不直陛下久矣！"皇帝不听众人之言，天下之人因此不再对皇帝顺从，"陛下误举，诸臣误顺，无一人为陛下一正言焉"。没有人向皇帝说真话了，天下岂有不乱之理。

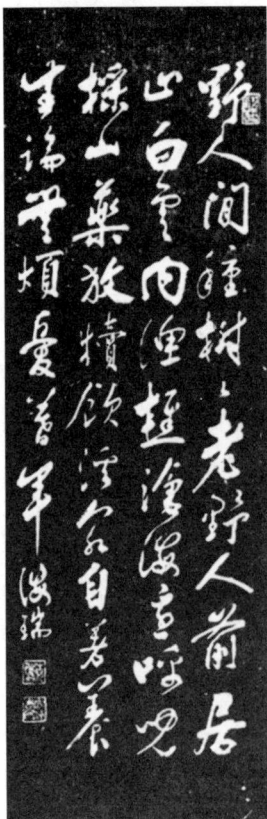

海瑞书法

嘉靖皇帝迷恋方术，其后半生概为方术道观所控制，写出了极为扭曲的一段历史。海瑞尖锐地指出，"修醮所以求长生也"。为求长生，皇帝会不顾一切。可能是纵欲过度的关系，皇帝的身体一直不太好，大理卿顾岳为此劝说他"遵圣祖寡欲勤治之训，宫寝有制，进御以时，而退朝即御文华（殿），裁决章奏，日暮还宫，以养寿命之源"。说明当时皇帝的身体已经相当糟糕。当然，这种以节制生活而换得健康身体的建议，皇帝是听不进去的。但求健康还是要的，于是对长生不老之术有更迫切的追求。

刚开始的时候受到皇帝宠信的方术之士包括邵元节、陶仲文、段朝用等。邵元节曾经官拜礼部尚书，蟒袍玉带加身。陶仲文是邵元节介绍到皇宫的，一次，皇太子出水痘，皇帝命陶仲文求神保佑。耍了一套画符祷告的把戏之后，凑巧皇太子的病情好转，于是世宗便认为陶仲文的仙术非常灵验，先是封他做了礼部尚书，后又加封少师、少傅、少保的荣誉，给一品官的薪俸待遇。当时称太师、太傅、太保为列公，称少师、少傅、少保为列孤。

嘉靖时期一身兼任"三孤"的，只有陶仲文一人。段朝用靠进献宝物得到皇帝的信任，先是献给皇帝白金器百余，宣称"所化之银皆仙物，用为饮食器，当不死"，"以盛饮食物，供斋醮，即可致"。他还对皇帝说："帝深居无与外人接，则黄金可成，不死花或得。"世宗听了，竟宣布，要令太子监国，自己"专事静摄"。满朝文武听了均愕不敢言，唯太仆卿杨最抗疏反对，结果被嘉靖下令"重杖之"，当场死在杖下。

明世宗信用方术，耗费了大量财物，更可恨的是听信方士之言，通过虐待童女而获得炼药的原料，以制作长生不老之药，这种方法被称为"先天丹铅"。明人王世贞的词中，"灵犀一点未曾通"和"史缘身作延年药"的词句，讲的就是这种制药方法。据说，当时为了满足制药所需，宫内专门养了300童女。

众多宫女实在忍受不了这种惨无人道的虐待，由一名叫杨金英的宫女领头，在嘉靖二十一年（1542），16名宫女奋起造反。她们联合起来，趁世宗睡熟时，先是杨玉香从仪仗上解下丝花绳，将其搓成一条粗绳交给苏川药，川药又将绳递给杨金花，由金花将绳拴成绳套，准备妥当后，金花招呼大家动手。

众宫女有的用绳子勒世宗脖子，有的用抹布堵嘴巴，其余的，则或按住手脚，或勒紧绳索，只可惜她们"不谙缩结之法，绳股缓不收"。要勒死皇帝，绳子却打了个死结，无法勒紧。要堵嘴巴，却没有将抹布塞进皇帝的嘴巴，明世宗仍能发出声音。加之宫女力量太小，皇帝一动，她们竟控制不住，结果挣扎呼喊之声传到门外，皇后方氏带人赶到，救了皇帝的命。参与造反的婢女当然悉数处决，曹、王两个妃子据说与此事有关，也被处以绞刑，其他有关人员也一起被杀。明世宗一直昏迷，经御医精心治疗，第二天才恢复过来。这一事件对皇帝是一个警告，自己身边的人都造反了，应该很好地反省一下自己的问题了。

可明世宗却从另一个角度看问题，他说："这都是神灵的保佑，为我消灾免祸。要不是我每天一早一晚烧香，哪有今天！"他跑到专门为斋醮而建的朝天宫里烧了七天香，据说这次烧香得到了神灵的响应。此后，他干脆移居西苑，集中全部精力修行炼道，不再上朝理政。海瑞批评说："二十余年不视朝，纲纪弛矣。"

世宗皇帝不再视朝，海瑞说他"乐西苑而不返宫，人以为薄于夫妇。天下吏贪将弱，民不聊生，水旱靡时，盗贼滋炽，自陛下登极初年，亦有之而未甚也"。皇帝在其后半生的20多年中，再没有摆脱方术道士的控制，一些自称有"长生秘术"的道士、官员被加官晋爵。皇帝扶乩得语，说"服芝可延年"，于是派出大量人员到各地采芝。宛平县张巨佑得芝五本，皇帝赏给银币，一时，献芝者接踵而至。嘉靖三十七年，礼部统计所收灵芝，竟有1860本之多。

皇帝仍不满足，嫌灵芝太小，又下令遍寻"径尺以上者"。嘉靖四十年，礼部再次报告，又收到"四方进芝共769本"。皇帝把注意力都放到寻仙求道及遍查长生灵药上去了，公务处理，大臣进退，均由几个道士胡说八道。遇有外敌入侵，皇帝也不再召集众臣商议，而是摆道场，做祈祷。好在边关还有一些对国家无限忠诚的将领，他们奋不顾身地与外敌作战，总算暂时保住了明朝的江山。

为了表示对方术的虔诚，明世宗为其父母和自己都加了道号。其父号为"三天金阙无上玉堂都仙法主玄元道德哲慧圣尊开真仁化大帝"，其母号为"三天金上玉堂总仙法主玄元道德哲慧圣母天后掌仙妙化元

君"。皇帝给自己封号"灵霄上清统雷元阳妙紫极仙翁一阳真人元虚贺应开化伏魔忠孝帝君"，后来又再次封号"太上大罗天仙紫极长生圣智昭灵统元证应土虚总掌五雷大真人玄都境万寿帝君"。至此，皇帝对于方术的迷恋已经到了登峰造极的地步。

皇帝信道，天下的道观都跟着沾光。我国道教圣地在明嘉靖年间有了很大发展，一些主要道教场所，包括宫内的朝天宫，以及山东的泰山、河南武当等地的道庙都重新整修，为此，花去了国库数十万两白银，仅皇宫内的各种黄白蜡烛和各类香品，就比过去增加了好几倍。宫中昼夜香烟不断，蜡烛长明，超过任何一朝皇帝。过去皇宫建筑都是砖木结构，如此多的烟火，使得嘉靖年间宫内火灾特别多，先后有两个宫三个大殿被大火焚毁。一次皇极殿发生火灾，火势一直蔓延到皇极门。重建时，为清除场地就调用了 3 万军队。

提出建言 收获甚微

海瑞对皇帝沉溺方术，提出特别批评，"修醮的目的是求长生不老。可天下哪里有长生不老的呢？自古以来，圣贤从来只说如何端正自己的品行。性命是天地作合的结果，因此总是有限期的。尧、舜、禹、汤、文、武各位名君，创立了一代盛世，但他们都没有长生不老。今天，我们也没有见到过一个从汉代、唐代、宋代生活至今的人物。皇上跟着陶仲文学习长生不老之术，但现在他已经死了。仲文连自己的命都保不住，皇上又从何学得真正有用的长生术呢？"接着，海瑞又批评皇帝迷信各种药物，"至谓天赐仙桃药丸，更是天下奇谈。……桃是人采来的，药是人工捣合而成的。难道桃药自己会有足而行吗？什么天赐之物，明明是有人用手拿来献给皇上的。陛下求仙这么多年，实际一无所获，为什么还执迷不悟呢！"

这里所提的仙桃事件，讲的是嘉靖四十三年的事。太监们见皇帝成天闷闷不乐，想出个主意以骗取皇帝的欢欣。那天皇帝坐在那里祷告，醒来睁眼一看，发现面前台上竟有一桃。太监们告诉他，这是从天上掉下来的。皇帝竟然相信了，龙颜大悦，说老天终于向我示意了，这是天送给我的。第二天，继续祈祷，又得一桃，当夜有人向他报告，说一只白兔生了二子，皇帝更是欣喜若狂，为之"谢玄告庙"。海瑞在奏疏中揭穿了这个骗局，告诉皇帝，桃子无腿，不会自己跑到台上，明明是有人偷偷放在那里的，说什么天赐之桃，真是荒唐至极。

笃信方术，于是对各种吉言瑞兆就有了特别的关照。嘉靖人过中年后，对此更加热衷，于是，"督抚大吏争上符瑞，礼官时上表贺"，上符瑞成了许多官吏争功免灾的最佳手段。浙直总督胡宗宪因平倭迟缓，不见大效，引起皇帝不满，受到指责。正巧他在舟山抓到一只白鹿，为讨好皇上，他立即把这只白鹿献上。

果然此招奏效，皇上不仅不再追究胡宗宪，反赏给他许多银两。不久，胡宗宪又献上一只白鹿，明世宗竟高兴得到玄极宝殿及太庙举行典礼，展示白鹿，文武百官纷纷表示祝贺，皇帝当即下令给胡宗宪提一级薪俸。此举的激励作用明显，于是，进献者几乎踏破了礼部的门槛，这个送鹿，那个送龟，贡灵芝、献妙药，不计其数。皇帝靠虚幻的好兆头掩盖实际上遇到的各种问题，连年的旱灾没有人对皇帝说，下了一场小雪，皇帝却说是符瑞而加以称颂。如此搞下去，过去遇有灾年而皇帝广开言路、多听直谏的传统被丢得一干二净。

平时做道场时的挥霍，整修观庙以及重建被火烧毁的宫殿，耗费了老百姓大量财产，仅为重建大殿而在四川购买木料，就花费了1444万两银子，这还没有包括运费和官吏的侵吞。国库钱不够，只有向百姓

盘剥，结果老百姓的日子更加艰难。海瑞说："今赋役增常，万方则效，陛下破产礼佛日甚，室如悬罄。十余年来极矣。天下因即陛下改元之号，而嘻之曰，'嘉靖者，言家家皆净而无财用也。'"老百姓都家徒四壁了，穷到干干净净了，这世道就没法让人活了。海瑞一再告诫，"京师之一金，田野之百金也"。

国家能够节约一点，百姓的生活才能安定。皇室挥霍，百姓遭殃，社会不稳，这个历史一再重复，到嘉靖年间更甚，海瑞为之痛心疾首。

皇帝沉溺方术，根本不上朝，于是，海瑞想为民办事也十分困难，他只能利用一些特殊的手段达到目的。有一天，海瑞与嘉靖皇帝下棋。他惦记着民间的疾苦，无心下棋，没走几步，就处于劣势。

"将军！"嘉靖皇帝得意地喊道，海瑞这才注意到自己的棋子，力挽被动，很快就占了上风。轮到海瑞"将军"了，他忽然灵机一动，叫道："'将军'，天下钱粮减三分。"嘉靖不明白他是什么意思，只管注意自己的棋。过了一会儿，海瑞又找到机会"将军"了。这一回，他一字一板地唱道："'将军'，天下钱粮减三分。"这一次，皇上听清楚了，但仍然不明白他这句没头没脑的话，反倒觉得挺有趣，念着好听。所以，等到嘉靖"将军"的时候，这位皇帝老儿也学着海瑞的腔调高声叫道："'将军'，天下钱粮减三分！"

嘉靖皇帝话音未落，只见海瑞连忙弃棋离席，趴在地上说："微臣领旨！"皇帝顿时丈二和尚摸不着头脑，问海瑞这是怎么了？海瑞回答说："万岁不是说'天下钱粮减三分'吗？臣一定照办！"那个时候，皇上一开口，就得照办。嘉靖无奈，只好下令减全国的赋税。

不过，这样的机会毕竟太少。何况，皇上心在方术，也很少有兴致下棋，更难有机会召海瑞来陪着下棋。要振兴天下，关键是要让皇帝警醒过来，放弃方术。于是，海瑞下决心要直截了当地批评皇帝。

不畏天威　备棺上疏

　　1564年冬季，52岁的海瑞离开江西兴国县，带仆从匆匆北上，赴京担任户部云南清吏司主事，官阶正六品。其母谢氏因年老且病害怕北方寒冷的天气，不愿赴京，海瑞只好让夫人王氏携带子女陪同母亲一起回海南养病。次年，海瑞正式出任户部云南清吏司主事，准备为建设献计献力。可是，没有过多久，他就意识到朝廷"君道不正，臣职不明"的混乱局面。海瑞刚正，为民请命的耿直精神再一次爆发，出现了民间社会至今尚在流传的海瑞骂皇帝并因此而被捕入狱的故事。

　　嘉靖皇帝是明宪宗的孙子明武宗的堂弟，武宗死子，皇太后和内阁首辅决定，由世宗继承皇位，改年号为嘉靖。嘉靖继位不久，爆发了明代历史上著名的政治事件——大礼争。明世宗的亲生父亲兴献王，他不希望以皇帝的身份来继承皇位，他追封自己的亲生父亲为帝，而朝中大臣们根据规定却不同意皇帝的这一决定，嘉靖没有办法只好准备让步。但就在这时，一个叫张璁的大臣替嘉靖追封亲生父亲为皇帝制造了不少理论依据，嘉靖深受鼓舞，张璁也因此被加官晋爵。朝中大臣为此出现了明显对立的两派，双方斗争日趋激烈，乃至爆发了"血溅左顺门"事件，当时反对派大臣共200多人决定向皇帝进谏，他们集体跪在左顺门外表示抗议，嘉靖派人将为首的几个大臣押入监狱，将100多人逮捕。左顺门事件以皇帝的胜利告终，嘉靖如愿将亲生父亲追尊为睿宗，将神主放入太庙，跻在武宗之上。通过这件事嘉靖不仅实现了追封自己父亲为皇帝的愿望，而且也树立了自己专制统治的威信，许多正直大臣或死或引

退，佞臣乘机窃取了朝政大权，从此明朝弊政叠兴。

嘉靖皇帝在位四十五年，一般说来，前二十年还算是有所作为的。海瑞对嘉靖初期的作为是赞赏的，因此在《平安疏》的开头，表明了对皇帝即位之初的颂扬，"即位初年，革除积弊，焕然兴天下更始，举其略如敬箴敬一以养心，官冠履以分辨，除圣贤土木之像，夺宦官内外之权，天下忻忻然以大有作为仰之。识者谓辅相得人，太平指日可期也"。

明正德十六年（1521）三月十四日，明武宗皇帝朱厚照驾崩。朱厚照死的时候才31岁，没有儿子，皇位的继承于是成了问题。首辅杨廷和根据武宗的遗诏，提出让武宗的弟弟继任，得到皇太后的批准。于是，朱厚熜成了下一任的皇帝。朱厚熜的父亲是宪宗之子朱佑元，被封为兴献王，一直在安陆居住。朱厚熜被选定即位后，于正德十六年正式即位，以第二年为嘉靖元年（1522），开始了他45年的皇帝生涯。

嘉靖在位期间，明皇朝已进入中期，经济社会发展的颓势已开始显露。正如当时的首辅杨廷和所说，"各处地方，水旱相仍，灾异迭见，岁赋钱粮，小民拖欠。"嘉靖即位初期，为了恢复经济，笼络人心，做了一些兴利除弊的事情。一方面，他支持杨廷和的一些改革措施，另一方面，他还推行了一系列善政，主要的大概有这样一些。

其一，是逮捕武宗年间作恶多端、民愤很大的一些宦官，包括张锐、张雄、张忠、于经、孙和、刘养等。武宗年间，张锐"居东厂"，是明朝著名的特务机关头目；张雄是主管皇帝礼仪的官，利用人们请示拜见皇上的机会，收受了大量贿赂，"入司礼监，招权纳贿，势行中外，（朱）宸濠前后馈送各万计"；张忠掌管军务，"屡以提督军务，冒功受赏"，于经管商业，"首开皇店，又于张家泫、宣、大等处税商榷得，怨声载路，额进之外皆为己有"；孙和"谋领团营，挟势取赂"；刘养"营造侵欺，公私蠹耗"。这些人危害民众甚烈，似洪水猛兽，他们被惩办，对振作世风确实起到了一定的作用。

其二，是下令不许向宫内进献珍禽异兽，停陕西织造绒服，这对各地向皇宫进贡的风气多少是一些限制，也有利于端正政务运行的风气。

其三，是革除一系列虚设官职，特别是将各地的内官全部罢免，所谓内官是朝廷向各地派出的宦官。

这些太监平时不干实际工作，主要职责是监视各地政府官员的工作。他们"时平则坐享尊荣，肆毒百姓，遇变则心怀顾望，不恤封疆"，因此，养着这些人，平时要增加地方政府的开支，老百姓倒霉。遇有事变，他们不仅无法承担责任，反卷进势力之争，把水搅得更浑。嘉靖的这一举措，煞住了宦官涉政的恶风，使整个宦官势力在明中期受到压制，没有掀起大的波澜，成了宦官扰政的整个明朝时期的一个特例。

其四，是清理庄田。庄田是划给皇家成员的田地，明朝开国皇帝朱元璋在位时，对此做出了明确的规定，相应的皇室成员都分得一定的土地，但数量受到严格的限制。后来，不少皇室成员利用手中权力，不断扩展庄田面积，大批农民被赶出家园，生产力受到很大打击，也引发了许多农民骚乱事件。为此，嘉靖帝下令，清退所有在正德期间额外侵占的田地，并不再批准各官员和皇室成员要求增加田地的申请。

其五，是注意救荒。嘉靖元年，江苏、浙江、江西、湖广、四川等地发生旱灾，嘉靖下令各处官员赈灾。庐州知府龙诰注意备荒救灾，修建了义仓，开辟了义田，籴贷赈灾搞得有声有色，嘉靖看了很是赏识，特赐其"加秩一级"，即升官一级。还通报各地抚按官"勘其便利者，通行各府州县仿（龙）诰所行，有成效者具奏如例"。

但是，明世宗皇帝的这种锐意进取的劲头并没有维持多久，这位皇帝刚愎自用又好虚荣，很少能听得进别人的意见，更对接近自己的重臣疑心重重。很快，他的生活就腐败起来，初期所推行的种种善政也被他自己放弃了。嘉靖六年，御史汪珊上疏，列举了十个方面的政务颓势：一是初期的唐虞之治态势衰退；二是对众大臣不再那么尊重了；三是重新讨论起有关淫祠的事宜；四是不再警惕阿谀奉承之辈；五是对应该亲自批办的奏章不再尽心，反听任一些大臣自作主张；六是对冗食冗费不再能做到明察秋毫；七是事实上又恢复了当初撤销的锦衣；八是对有罪的官员不再严格执法，经常以罚代惩；九是对有错误的官员，往往只是调换一个岗位，而放弃革职不用的做法；十是纳谏如流的作风没有了。可见，明世宗的善政，实际仅仅是在执政的前半期。

嘉靖四十四年（1565）十月的一天，海瑞吩咐家人出去买一口棺材，家人办妥后，海瑞让他们把这口棺材放在中堂，徐徐说出自己的打算。海瑞告诉他们说："我准备进宫去向皇帝上奏，这个奏折是批评皇帝的，皇帝肯定会生气，我的命估计是保不住了，故此早做准备。"海瑞让大家都整理一下自己的东西，好自为之，各奔东西。他则直接到通政司（专管接收奏章向皇帝呈送的机构）递交奏折去了。

海瑞于嘉靖四十三年调到北京，任户部云南司主事（户部按行政管理的区划分设管理机构，云南司是管理相应区域的税收工作的）。他所做的这个官，级别不高（正六品官），实际工作很少，基本工作是检查地方上报的税收工作情况。司里的大政方针有堂官、沿书、侍郎，技术上的细节有下面的官吏，海瑞过去没有做过这个方面的工作，不太了解有关情况，更显得有些插不上手，无所事事。他所要做的，只是每日点个卯画个到，日子显得非常轻闲。

海瑞被调到京城是因为他做出了成绩，他在淳安、兴国的政绩显著，经济发展很快，社会也比较稳定，受到人们的赞扬。何况，在淳安、在兴国，他都坚决地抵制了势头很盛的不正之风。他怒责胡公子，巧挡鄢懋卿，再抓张豹、张魁，充分表现了他刚直不阿的性格。他所得罪的，都是严嵩线上的人。严嵩既倒，人们当然会对反严英雄多加重

视，所以，提职是理所当然的。

但是，海瑞所追求的理想，是革除一切不合理的事物。与不正之风斗争时，他从不顾及斗争对象的背景。不管是哪条线上的人，涉及哪个方面的关系，只要犯到海瑞手里，海瑞都会不留情地揭露。这种刚硬有余而柔性不足的性格，使朝廷里的许多人打心眼儿里害怕。

既要安排，体现皇恩浩荡，又不能给自己套上个枷锁，惹出太多麻烦，这就是宫廷官员安排海瑞职务时的心理。当这么个没有实权的主事，其实是官场争斗的微妙结局。

但是海瑞是闲不住的，他利用这个机会，广泛接触各界人士，了解政府工作的各项程序及其中的奥妙。实际情况使他感到极为吃惊，政纲松弛，腐败横行，冗员充斥，效率低下，已经到了极为严重的地步。朝廷的问题已经成堆，可皇帝还自认为形势一片大好。皇帝多年被谀臣包围，却认为自己圣明如尧舜。海瑞深感需要大力进行整肃，但是皇帝长期不与众大臣见面，自己有满肚子的建议和想法也没有办法向皇帝反映。海瑞心急火燎，实在按捺不住忧国忧民的心情，总想找一个办法将自己的想法告诉皇帝。

嘉靖皇帝是个刚愎自用的人，虽然在他刚即位的时候，也曾有过"言路大开"的局面，但不过是昙花一现，很快地他就"厌薄言官，废黜相继，纳谏之风微矣"，把掌管征求意见事务的官都给撤了，根本不打算再听什么不同意见了。以后，他时不时当庭杖责那些发牢骚、提意见的官员，即使事主是原来比较信任的人，仍不放过，大家都感到皇帝"恩威不测"。不单是听不进不同意见，还对所有敢于批评的官员严加惩罚。严嵩专权时，众人不满，多次有人向皇帝提交奏折，要求罢免严嵩。但是皇帝非常相信严嵩，这导致先后有16位地位显赫的将臣因劾严嵩而被杀被贬。嘉靖皇帝在严嵩被罢官后，也丝毫没有改正缺点的意思。海瑞冒死写一个奏折批评皇帝，置生死于度外，写下著名的《治安疏》，冒死向皇帝上疏，这就是著名的海瑞备棺上疏的故事。

海瑞在《治安疏》中尖锐地指出："陛下锐情不久，妄念牵而去矣，反刚明而错用之，谓遥兴可和而一意玄修。"察人做事的是非被颠倒过来，后来又坠入玄念之中，政事败落势在必然。虽然，后来他也不是一点好事没有做，如嘉靖二十四年二月，他曾下诏招徕流民复业，答应无偿拨给耕牛和种子，并对开垦荒田的给予十年免税优惠。但这些好事在他的长期执政生涯中毕竟是太少了，因此所起的积极作用十分有限。

海瑞知道，如此对皇帝直言，肯定会激怒皇帝，自己的性命恐怕到此为止了，可他却非常坦然。他认为，为国家的兴盛而捐躯，死得其所。他去找他的朋友，交给他20两银子，请他帮助自己料理好后事，希望能留一具整尸回到故乡，并请朋友帮他照顾好自己的老母亲。他把已经写好的谏书给大家看，大家都为他的安全而担心，劝他不要冒这个风险。他却毫无惧色地说："有志之士，应该以身许国，大家因怕得罪都不劝谏皇上，天下何时能治理好呢？"依然同众人说古论今，谈笑风生，还同大家一起总结多年仕途的经验教训，希望这些经验教训能够对后人有所帮助。一切料理妥当之后，海瑞自己来到班房，等待皇帝的裁决。

嘉靖四十五年，海瑞独自上了《治安疏》，也称《直言天下第一事疏》，疏中把嘉靖帝与历代贤君一一对比一番，毫不留情地指出，天下是皇帝的家，陛下不顾其家，还有人情吗？现在"天下吏贪将弱，民不聊生，水旱靡时，盗贼滋炽"，赋役剧增，皇帝还在到处营造宫殿，全国的老百姓都在骂皇帝，说"嘉靖者，言家家皆净而无财用也"。他还批评嘉靖误举，朝臣误顺，无人敢说真话。最大的错误，还在于修醮求长生不老是不可能的事。最后，他建议嘉靖帝潜心朝政，"洗数十年之积误"。

嘉靖看到奏疏，果然大怒，看到说自己"陛下之误多矣，大端在修醮"，更是怒不可遏，用力将奏折扔在地上，下令道："立即把这个海瑞抓来，不要让他跑了。"站在一旁的宦官黄锦告诉皇帝："海瑞根本不想逃跑，听说他在上疏前就买好了棺材，把随从和家人都遣散了，现在正在朝房待罪呢。"皇帝一听，半晌说不出话来。过了一会儿，又从地上捡起奏折继续阅读。皇帝一边看，一边叹气，不得不承认海瑞说得有理。看到后来，他说了句话："他想当比干，可我不是纣王啊（比干是纣王的叔父，因直言猛谏纣王，被剖心而死）！"

海瑞用词甚激烈，但在奏疏中，却处处体现了他对皇帝的一片忠心，对朝廷的高度责任感。海瑞在他的《治安疏》中说，要使天下各业重新兴旺发达起来，关键在于"陛下一振作间而已"。海瑞对未来充满了信心，"一振作而百废俱举，百弊铲绝，唐虞三代之治，灿然复兴矣。而陛下何不为之"。海瑞相信，只要皇帝摆脱方术的蛊惑，一切问题就可以迎刃而解。

他对皇帝说："厉行节约，振作精神，这一切并不要陛下多费很多工夫。皇上只要抓住事物的根本，文武百官就可以各尽其职，地方各级干部就可以使工作正常运行，这样，陛下所掌握的社会发展目标就可以顺利实现，天下大治的局面很快就能来到了。"

皇帝震怒，但却没有立即下决心杀海瑞。他将这个奏折放在手边，几个月内反复阅读。每次阅读都要生气，又不愿杀海瑞，因为毕竟海瑞讲的许多事情都是事实，这些问题存在多时，却没有人在皇帝面前提起过。于是，有时就骂上海瑞几句，说海瑞是"那个咒骂我的畜生"；有时则拿身边的奴婢出气，在这几个月内，奴婢挨打的次数明显增多。奴婢们知道皇帝正在生气，莫名其妙地挨了打，只好在背后悄悄地说："皇帝被海瑞骂了，却拿我们出气。"几个月后，皇帝终于下令让锦衣卫将海瑞抓到东厂，后来刑部提出以儿子诅咒父亲的刑律对海瑞处以绞刑，皇帝却没有在刑部的建议上做任何批复。

但皇帝依然没有放弃求仙，越是感到自己的衰老，他"求方术益急"。他派出更多的官员到四方求方士，于是，各地献丹送士者如云。明世宗明知所得药丹多有假诈，但已收不住心，来者俱收。有人告诉皇帝，说陕西人王金和医士申世文共同献的金石药，"其方诡秘不可辨，非服食所宜"，明世宗却偏要服用，结果，服后内火攻心，一病不起，气喘面赤，腹胀便闭。

于是从西苑搬回大内，众太医轮流诊治，但已是病入膏肓，无可挽回了，到了冬天，在乾清宫去世。

皇帝在病重时，召首辅徐阶到跟前说："都是海瑞那个畜生谏我，让我心情不愉快，搞得我现在如此衰老，何时才能重出视事呢？"徐阶在一旁极力劝慰皇帝，说海瑞的话是说得重了一些，但他的一片忠心跃然纸上，清晰可见。皇帝还是不放过，对徐阶说："这个人不能留着，否则以后我出来，他还会骂我。"

立即批谕，以骂主君的罪名，令刑部立即将海瑞处死。户部司务何以尚为救海瑞，上疏皇帝以求释放海瑞，皇帝把一肚子气全撒到了何以尚身上，令锦衣卫杖刑百计，何以尚几乎被打死，但是，海瑞的死刑却没有执行。

嘉靖四十五年十二月，明世宗皇帝驾崩。首辅徐阶代拟遗诏颁布于世："朕奉宗庙四十五年，享国长久，累朝未有，一念倦倦，惟敬天勤民是务，只缘多病，过求长生，遂致奸人诳惑，自今建言得罪诸臣，存都召用，殁者恤录，现在监者即释复职，特此遗谕！"提牢的主事得知这个消息后，办了一桌酒席宴请海瑞。海瑞以为刑期到了，大吃一顿。宴席结束时，主事告诉海瑞说："当朝皇帝已经死了，先生可以复出并获大用了。"海瑞不信，反问道："此话当真？"提牢官说："遗诏已经下了，因向皇帝进言而在监者将释放复职，怎么会不真。"不待说完，海瑞大呼，"哀哉先皇！痛哉先皇！"随即放声大哭，席间所食的

海瑞故居

肴馔全部呕吐出来，哭得伤心至极，竟昏倒在地。夜间醒过来后，继续痛哭，终夜不停。

　　海瑞备棺上疏的事儿，很快就传开了，朝廷内外，全国各地，都知道有个不怕死、一心为国、忠君爱主、冒死直谏的"海主事"。

正 气 凛 然

海瑞

第 七 章

颁布条约　一心为民

关注民生，为民做主，这是海瑞一生中都念念不忘的事情，早在入仕之前他就已经牢牢树立了这一思想观念，所以在他为官期间，颁布了《劝农文》、一条鞭法等各种对当时的人民非常有利的条约。

一心为民　敢为人先

虽然海瑞敢骂皇帝，敢斗恶势力，自己又非常清廉，这使得海瑞的名声大振。但海瑞对任何人都不通融，在处理问题上往往不留余地，这也使很多官员感到难堪。负责干部安排的文渊阁大学士和吏部尚书这次碰到了难题，他们不得不频频地调动海瑞的工作。

在两年多一点的时间内，海瑞历任尚宝司丞、大理寺右寺丞、大理寺左寺丞、南京通政司右通政，级别越来越高，一直到正四品官，但一直没有实权，对于一个事业心极强而又很愿意干事的人来说，这是很尴尬的一件事。因此，海瑞在这一段时间内干的事情不多，却有两件给人们留下了深刻影响。

一是要求皇帝大赦。海瑞自己得到了皇帝的大赦，他一再向皇帝表示感激涕零，他说："作为一个官职不算太高的人，竟大胆议论朝廷的重务，冒犯皇帝的龙威，这是万死不赦的罪。而先皇伟大，念臣对朝廷的一片赤诚，不但没有杀我，还特意关照锦衣卫不许对我用大刑，说是留下以后有用。当今皇上刚刚即位，要干的事很多，却独独先将臣赦出。因此，臣的性命是皇上给的，臣应该以自己的有生之年报答皇帝的旷世厚恩。但是，臣在狱时，了解到关在狱中的犯人中，还有许多是蒙受冤屈的。臣被羁期间，就曾多次想冒死再为他们上疏，但在当时的条件下，这样做不会有什么结果。现在条件成熟了，应该采取措施为这些人平反了。仅在京城一家监狱就有这么多冤屈，天下就更多了。因此，希望皇上尽早下诏大赦天下。"海瑞自己出狱后，不忘过去落难的难

正气凛然

海瑞

友，这很得人心。虽然这样做可能会招致皇上的不满，但他还是义无反顾地做了，这从另一个侧面说明了他的刚直。

海瑞直言敢谏的美名，隆庆皇帝在即位之前已经耳闻，对海瑞也比较器重。即位之后，屡次提升重用海瑞。所以，当隆庆看到海瑞呈上的奏疏时，十分高兴。他自己也意识到若照海瑞说的去办，使皇恩泽被天下子民，对稳定大明江山也有好处。于是，皇帝立即在海瑞的奏疏上批了"各部议了回报"的字样，转发到各个衙门。各部衙门一见圣旨下来，急忙组织人力查核旧案、冤案，并通令地方官府照旨办理。结果成千上万的囚犯得到了赦免，其中包括一些因说话不当，触犯皇帝而被列为"十恶不赦"的囚犯也获得了自由，可以与父母、妻子团圆。这一情况上报到朝廷，隆庆极为高兴，赞赏海瑞说真话，既为朝廷分忧，又为百姓着想。希望官员都能向海瑞学习，如此则大明江山可以万世平安。海瑞很快就从正六品的尚宝司司丞升为大理寺寺丞，官阶正五品。不久，海瑞又升为南京通政司右通政，正四品官阶，通政司的职责很多，包括奏报四方臣民建言、申诉冤滞或告不法等事，以上达民情。

另一件事是为徐阶说话。徐阶代拟了明世宗的遗诏，承认了皇帝受坏人迷惑而笃信方术，弄错了一些事情。决定重新起用那些受到不公正处理的官员，因向朝廷提意见而被关进监狱的大臣也被尽数放出。这是好事，当然受到欢迎。

但也有人对此不满，这就是郭朴、高拱两位大臣。他们认为，徐阶不该不同他们商量就下发遗诏，因此与徐阶结下了仇。后来，一个叫齐康的人写信告徐阶和他的儿子都是大恶霸。海瑞不了解情况，以为这是高拱指使的，就同其他人一起，给皇帝写了一份《乞治党邪言官疏》，大骂高拱，为徐阶说了不少好话。他说，徐阶辅佐皇帝15年，没有能够改变皇帝信神迷道的错误，在这一点上确实没有尽到大臣的责任。对此，徐阶本人也多次表示十分内疚。但是，鉴于皇上当时的状况，徐阶实在也没有多大可能帮助皇帝纠正错误。徐阶畏威保位，诚亦有之。徐阶和严嵩同为首辅11年，严嵩以其贪、以其邪著名，徐阶以其廉、以其正扬名。徐阶任首辅以来，"忧勤国事，休休有容，有足多者"，得到了多数官员的拥护，团结了很多人，做了很多工作，确实是国家的栋梁之材。海瑞说，齐康作为皇帝的耳目，竟然将徐阶、李春芳等一批好官都一并打之，可恶至极。这样的人甘做皇帝的耳目，会坏了皇上的大事。齐康实则为高拱的鹰犬，高拱这人专事攻击好人，为了自己的官位，不顾天下的安危。这样的人，罪无可恕，必须严惩。不久，高拱被罢了官。

海瑞敢说别人不敢说的话，这次又得到充分体现。许多人都认为这次徐阶该倒霉了，因而不敢说话，海瑞却敢说。海瑞的威信高，他一说话，响应者甚众，因此能够影响皇帝，罢了高拱的官。但是，这次海瑞是搞错了，高拱实际是一个清官，而徐阶，倒是一个实实在在的贪官。后来，海瑞发现自己错了，在后来的自编文集中，在骂高拱的信后，加上了一个附记："一时误听人言，二公心事均未的确。"改变了对两人的看法，也承认了自己在识人上的偏差。

海瑞不愿意享清福，于是，先后两次向朝廷辞职。海瑞在他的辞职书中说，我本来犯下了死罪，是当死之人。先皇没有杀我，当今皇上还将我赦出，这是皇上的洪恩厚泽。我本当在自己的余生中，尽自己的最大努力为皇上办事，但现在一是母亲年事已高，需要人照顾；二是现在我所担任的工作不过是看看人家写的公文，然后批转一下而已。既然得闲，还不如让我回家尽一下孝心。

海瑞这次做得比较巧妙，表达了自己愿意工作的愿望，却又不很生硬。看来，海瑞还是懂得一点阴阳之道的。他明里是辞职，暗里是向吏部要挟，如果不能安排好一个有名望的官员，看你们如何向皇帝和天下人交代。皇帝当然不会准他辞职，如果不用如此有名的清官，皇帝的脸

正气凛然

海瑞

上也没有光彩。于是，隆庆四年（1570），海瑞被任命为南直隶巡抚，开始了新的征程。

不分亲疏 徐阶退田

隆庆三年（1569），海瑞被任命为南京右金都史，巡抚应天十府，驻扎在苏州，巡视江南诸府。任命一位不是进士出身的人担任这一地区的巡抚，确实不同寻常。江南诸省是全国最富庶的地方，到这一地区任职，是许多人梦寐以求的，许多人在这一地区任职期间，捞到了大笔好处。正因为如此，这个地方也非常难管理，因为想伸手捞取好处的人太多，各种人际关系盘根错节，有时皇帝都感到棘手。皇帝选中海瑞，看来是希望利用海瑞的刚硬，冲击一下这个几乎密不透风的关系网。

海瑞的声望果然厉害。他的任命状刚下，就使许多地方官员感到胆寒。一些人或提出辞呈，或要求调到别的地方去工作。过去一些人为显示自己的地位，特意将住宅的大门漆成朱红色，听说海瑞要来了，赶紧找人将门改漆成黑色。一时间，油漆匠的生意突然好了起来，几乎是一夜之间，南直隶各城镇的私宅就几乎见不到红门了。一个级别挺高的大官，过去出门就要乘八人抬的大轿，一次在路上遇到了轻车简从的海瑞，顿时窘迫得无地自容。海瑞的官级比他要高，却只坐一顶极为朴素的轿子。这位官员此后出门，改乘四人抬的小轿，再不敢乘坐八抬大轿了。

海瑞到职，立即果断着手革除弊政。首先遇到的问题，是土豪劣绅霸占土地问题。大批农民告状，说他们的土地被强行霸占，多的时候，海瑞一天竟会接到三四千件有关诉状。土地实际上是封建社会根本矛盾的尖锐反映，明初，朱元璋皇帝为了满足皇亲国戚和官宦的需要，规定皇室成员可以拥有自己的庄田，这些庄田被人们称作皇庄，一般坐落在其封地以内。官宦也可以拥有庄田，一般在自己的家乡。庄田最初多是通过赏赐和购买等途径得到的。由于庄田可以享受免赋役的优待，因此成为许多官宦竞相谋求的肥礼。一些富裕农民为了避免赋税，也将自己的田地转给官宦，他们则租田而作。由于农田的获益颇丰，不少官宦不满足于已有的一点庄田，伺机掠夺四周农民的土地，一时间，兼并土地形成一股热潮。不仅皇室勋贵，地方的官僚地主也积极地兼并土地。根据有关资料分析，从明朝之初到海瑞所处的明朝中期，庄田至少增加了20倍。

江南一带由于土地肥沃，兼并之风尤甚。明朝的赋税是根据农民所拥有土地数量决定的，农民被夺了土地，失去了生活来源，但在国家的黄册上，他们仍然拥有土地，因此赋税不能减少。这样，许多人因为承担不起赋税而流离失所，引发大量社会矛盾，并使社会生产力受到严重破坏。

为了缓和贫富悬殊的矛盾，海瑞坚决地与豪绅富户进行斗争。他起草下发布告，要求所有官宦和豪绅退出近年多占的土地。海瑞办事厉害已经名气在外，所以布告一下，不少人很快就把土地退了出来。但还有一些土地大户响应迟缓，其中包括徐阶。徐阶是前任首辅，海瑞备棺上疏时，皇帝震怒，要杀海瑞，徐阶在皇上面前说了不少好话，保住了海瑞的命。后来有人劾徐阶，说他包庇自己的儿子霸占良田，海瑞还为徐阶辩护过。应该说，他们二人的关系一直挺好。

这次就任巡抚，海瑞才了解到徐阶的儿子确实非常霸道。据说，当时徐阶家的土地已经达到了40万亩，成为江浙一带的首富。海瑞的布告颁布以后，徐阶退出了少量土地，然后写了一封信给海瑞，说自己为支持海瑞的工作，主动退出了不少土地，意思是让海瑞表扬他几句。不料海瑞志不在此，他给徐阶回信说："我到淞江多日，不断领教大人对我的支持和教益，充分证明我们之间的友谊深厚，再一次表示衷心的感谢。近查阅了退田登记册，知道大人已经退出了不少土地，由此更体会到大人的品德高尚。但大人所退的田还不够多，相信会进一步清退。过去有子改父过的故事，一日之内，将存放在七间屋子的金子都散尽了。今天我们也可以父改子过，大人说是不是？"海瑞对徐阶说，大人退出一半土地还不至于陷入生活困难。话说得很客气，但要求依然明确，一半土地，是起码数量。徐阶没有办法，不得不进一步退出了许多土地。徐阶退田问题解决后，海瑞又下令将徐阶的弟弟徐陟逮捕法办。此事一办，大快人心，震撼了官僚显贵的阵营。一时间，退田还地，成了南直隶一带热火朝天的主要内容，大批农民得到了失去已久的土地，纷纷返乡种地，生产力得到迅速恢复和发展。

行条鞭法　疏通淞江

海瑞在应天府担任御史期间所做的另一件大事，就是推行"一条鞭法"。所谓一条鞭法，也叫一条编法，即把众多赋税编在一起征收，以减少征税弊端，是明朝嘉靖至万历年间推行的一项赋税制度上的改革。过去赋税名目繁多，即使百姓负担沉重，也很容易为贪官们大开方便之门。于是一些有远见的官员提出，按百姓实际的承受能力，重新鉴定税收的份额，把赋税与田亩、户籍直接挂钩，依据田亩的多少、肥瘠，每户劳动力的多少、强弱，定出不同等级，进行每年一次性的征收。这个方案明显是利于打击豪强、利于百姓的，因此遇到了不少阻力，一直很难推行。例如，在嘉靖年间，广东南海人、御史庞尚鹏就曾经在江浙一带试行过，但却因为触怒了地方豪强，最后不但试验失败，庞尚鹏亦遭到排斥，被贬为平民。

海瑞是知道庞尚鹏的遭遇的，但他认为一条鞭法确是有益于百姓，因此下决心要继续搞下去。他认为过去征收赋税最大的漏洞就是百姓不知情，该征什么，征多少，什么时候征，怎么样征，完全由官员说了算，这就为富豪制造了不少假公济私的机会。故海瑞首先就强调，各地一定要把赋税征收的内容、定额、征收方法等如实向百姓公布，禁止随意摊派。

接着就是重新丈量、登记各户人家的土地和人口，按土地和人口的情况制定赋税的标准。由于赋税是定额，则产量越高，农民自留的部分自然就越多，因而有效地调动了人们生产的积极性。他还对征收的程序和制度进行了改革。过去征收赋税，从县城到村庄，层层转送，不但增加了损耗，也给予了官员在中间环节里中饱私囊的机会。海瑞下决心取消这些臃肿的税收机构，由县衙直接征收，光是免去在征收过程中因损耗而附加的补贴，百姓就得到了不少利益。

海瑞认为："欲天下治安，必行井田，不得已而限田，又不得已而均税，尚可存古人遗意。"这是海瑞的一贯思想，他在淳安、兴国任县令时，都将重新丈量土地作为一件非常重要的大事来抓，并取得了明显的效果。就任巡抚，他总结过去的经验，狠抓土地丈量，积极地推行"一条鞭法"，取得新的成效。

所谓一条鞭法，是明朝中期朝廷推行的一项改革措施。一条鞭法规定，将一个地方的各种赋役综合合并为单一的一种形式，前提是将各家各户所拥有的土地和人口核定清楚，然后根据实际情况确定所应该承担的赋役。赋役由一个部门总管，"凡额办、派办、京库岁需与存留供给诸费，以及土贡方物，悉并为一条，皆计亩征银，折办于官，故谓之一

正气凛然

海瑞

条鞭"。其内容可归纳为这样几个方面：

一是赋役合并，以丁田分担役银。在一条鞭法中，将原来的赋（两税）役（里甲、均徭、杂泛）以及土贡方物等合并成了一项。徭役一律征银，取消力役，由政府雇人应役。役银也不像过去那样，根据户、丁来征收，而是由人丁和田地来分担。这样，一是赋役的形式简单化了，对各家的实际负担可以更加直观地观察。同时，徭役改为征银，使各家在安排自己的生产活动时有了更多自主权，这无疑对发展生产有利。

二是田赋一概征银。过去，虽然政府对田赋也时有征收"折色银"的，但在这之前，田赋仍以"本色"为主。一条鞭法规定，除苏、松、杭、嘉、湖继续征收本色粮食，以供皇室官僚等食用外，其余一般征收折色银。过去在征赋时，总要动用大量人力，将各地上缴的粮食集中起来，储存、保管都非常不易。现在除了江浙一带外，不再征收粮食，节约了大量人力物力。

三是计算赋役数额时，以州县为单位，各州县原有的赋役额不得减少。

四是赋役银由地方官直接征收。过去要交本色粮食，由于数量巨大，缴纳和管理都不方便，在收缴时，里长、粮长一起参加工作还忙不过来。改为征银后，这个过程简单多了，因此改由地方官员直接征收，即所谓"丁粮毕输于官"。

当时，不少地方在推行"一条鞭法"时，做法各有不同。海瑞是其中比较积极的代表，在推行的过程中，海瑞更强调赋役合并。

海瑞举出了实际工作中的例子。各州县为征粮设"正副粮长共三人，又或二甲或三甲，朋金一二人催粮，号小粮长"。征粮的体系似乎相当完整，但实际征粮时，却常常不能如期完成任务，或者在执行中出现许多争端。这一方面是一些大户仗势欺人，偷税漏税；另一方面，也要看县官本人的德行是否可靠。贤官执法，势豪不敢抗拒。官吏不贤，则平民百姓倒霉。而有的时候，粮长两头受气，甚至只好自己补上完不成任务的缺数。海瑞根据朝廷的要求，大力推行赋役合并，统一征银的政策，合并各种赋役。原先设置的粮长等职也一并撤职，实践证明，这样做，不仅使征收赋税的任务更加顺利，同时节约了大量人力物力。

虽然海瑞认为，"一条鞭法"并不理想，但既已决定实施，就必须采取坚决的措施贯彻到底。因此，他一再申明："均徭银力二差，近日题准总一条鞭概编银，不得已而为补编救弊之法，一时良法也。府县官不能为百姓做主，各州县尚有力差名目，可恨！可叹！"在执行"一条鞭法"时，任何人不得自作主张，生出其他名堂来。为防少数人搞鬼，海瑞规定："今后各州县遇当编审均徭月日，即照题请事例。有三五年未编者，即三五年总编。其有数外编余银及优免，不照则例，妄将人半丁粮一升作乡官生员人情，及先年优免今再免者，官吏坐赃问罪。"不仅应该将各类徭役项目登录清楚，各种优惠也必须从严掌握，否则，一律严惩不贷，这就是海瑞的办事作风。海瑞推行一条鞭法，明显损害了不少当权者的利益，自然亦就引起了他们的反抗。有人上疏指责海瑞对征收钱粮的比例是本末倒置，更有不少官员联名投诉海瑞损害了他们的利益。对这些人的指责，海瑞毫不隐讳地说：一条鞭法的确是损害了一些富豪的利益，但却是绝对有利于百姓的。他又质问这些人：我们当官究竟是为百姓谋利益，还是为自己谋利益呢？面对海瑞的质问，这些人当然没有办法做出正面的回答，但却一直怀恨在心，千方百计进行破坏，不久，海瑞便被罢官了。

海瑞推行一条鞭法，虽然也是中途而废了，但他爱民之举却永远为人民所铭记。《江南通志》就有记载："行条编法，遂为永利。"这是历史给予海瑞的公正评价。

江南因有淞江、汇震泽（太湖）入海，沿江的许多土地都可以得到灌溉。后来，淞江"被潮啮，淤为陆"，因此经常引发水患。虽然前几任巡抚都曾想疏通淞江，但终没有办成此事，因此，民间流传有民谣"惟海龙王始能开得"。海瑞到任后，又遇上水灾，当地粮价迅速上涨，虽然采取措施大量放赈，但政府掌握的粮食有限，无法彻底解决灾民的吃饭问题，春寒时节，大量灾民逃荒，生活苦不堪言。海瑞于是决心开通淞江，为民造福。

海瑞明白，虽是雨水比以前多了一些，但目前水灾的根本原因是以前的水利工程做得不好，致使河道变浅，甚至淤塞，所以一定要把水利搞好，从根本上解决问题。面对当时既要治水又要赈灾，生产受到严重破坏，办事又急需钱财的艰难局面，海瑞想出了一个两全其美的办法，就是"募充工役，兼行赈济"，即所谓"以工代赈"的办法。可是当时他的办法遭到不少人的反对，其中徐阶企图挑拨海瑞与各地官员的矛盾，说：没有钱粮，怎能办事，到头来还不是各地的官员掏腰包吃亏！也有人放出谣言说"要开吴淞江，除是海龙王"，宣传悲观、无能为力的情绪。然而，海瑞却坚信自己的做法是有益于百姓的，是会得到百姓支持的。他不管这些闲言闲语，大量招募民工，用本来作为救灾的钱粮充当工钱，首先解决吴淞江的问题。

海瑞向朝廷写了《开吴淞江疏》，说明"修复水利，是为了帮助处于困难之中的饥民。太湖之水从三条水道入海，其中，娄江、东江都是小河流，惟有淞江是最重要的入海通道。但是，一段时间以来，主管水利的官员没有很好尽职，抚按亦未将兴修水利提到重要议事日程，终于导致淞江的淤塞，一遇大的降水，必洪水四溢，为害甚重。因此，为国计民生，应该立即疏通淞江"。修复水利当然要用钱。按过去的做法，组织这样一项大工程，唯一的办法是让当地百姓出钱。

但那年正遇水灾，大批百姓流离失所，连吃饭都成了问题，不可能还有钱供水利之用。海瑞决心另辟蹊径解决资金问题，他将通过实地勘

测所得到的数据——上报，要求批准他统一调配相应受益地区财政的银两，并扣留通过淞江运交的公粮二十万石，以保证工程所费。

海瑞的建议得到批准，他立即着手组织施工。由于受灾，当地的灾民众多，海瑞采取以工代赈的办法，工程所用民工几乎全是灾民。为了解决工程费用，他统一调度多路钱粮，包括过去衙门留存的部分水利专项经费和各种罚没款，太仆寺少卿史际捐出两万石粮食，以及朝廷批准动用的钱粮。海瑞把所有财力都集中在手中，通过以工代赈的形式发给民工。只要出工，就可以领到一天的粮食和银两。因此，与过去派工不同，这次主动要求上工地的民工源源不断。

经海瑞的勘察，吴淞江要治理的地方长达八十多里，不但要疏浚河床的淤泥，还要将河床加宽十五尺，水利问题才能得到根治。朝廷担心海瑞办事不力，专门派了一位巡抚来到工地监督工程。这个巡抚以前与海瑞有过一点矛盾，一心想借这个机会进行报复。他天天巡视施工情况，只要一出现差错，就给以问罪。海瑞当然也清楚这个工程的重要性，明白责任重大。他身先士卒，经常乘坐一艘小船往来波涛汹涌的江面，亲自指挥，鼓舞士气，有时还手持工具挖泥运土。在海瑞的带领下，不少官员和民工有钱出钱，有力出力，一起日夜忙碌，不辞辛劳，结果只用了两个月的时间就把吴淞江整治好了，创造了治理吴淞江的奇迹。这个工程，花费银子共六万八千多两，全都是海瑞和其他官员通过以工代赈的办法解决的。面对不再凶猛的吴淞江，那位由朝廷派来监督工程的巡抚不得不佩服说："万世功被他成了。"

疏通淞江，是造福子孙的大好事。何况，参加工程的多是受灾农民，工程与他们自己的切身利益紧密相关，因此干得热火朝天。海瑞自己，则"乘轻舟往来江上，亲督畚锸，身不辞劳"，工程进展神速，不过两月，遂告完成，一条宽十五丈的淞江展现在人们面前，彻底解除了水患。不仅河流被疏通，费用还特别节省。预计耗费76100多两白银，实际只耗银68397两，节省了1/10的费用。这一工程有13万灾民参加，也就是说，有13万灾民得到了赈济，解决了生活问题，这对于社会的稳定起到了明显作用。

在吴淞江的工程快要完成的时候，海瑞又把精力转到治理白茆河的方案上。白茆河处于吴淞江的北面，必须通过吴淞江才能流出大海，如果不治理白茆河，则白茆河所带的泥沙同样会沉积在吴淞江，再次造成吴淞江的泛滥；而其湍急的水流，又随时威胁着吴淞江堤岸的安全。海瑞亲自对白茆河进行了勘察，发现当时白茆河最宽的地方不过四丈，而最狭窄的地方则只有不到二丈，深也不过四尺。所以当务之急就是要把河道加宽、挖深，也只有这样才能取得根本治理的效果。

白茆河在常熟县以北，是太湖入海的又一条通道，由于多年淤积，已不能顺利泄洪。隆庆三年遇大水，灾民无数。虽然有灾民参加了淞江工程，领到了口粮和生活费，但人数有限，不过灾民总数的"十之二三"。因此，海瑞再写《开白茆河疏》："禹贡称，'三江既入，震泽底定。'今三吴入海之道，南止吴淞江，北止白茆河，刘家河居其中，三处而已。刘家河原通达无滞，若止开吴而不开挑白茆，诚为缺事，难免水患。"海瑞指出，到二月中旬，青黄不接，大批饥民无所生计，到时，发放赈济在所必然。不如乘势一并疏通白茆河，"若是兴工之中，兼行赈济，一举两利，当开白茆。"这一奏疏又得到批准，于是，二月兴工，三月底完工。共用白银41238两。除修复淞江的节余款之外，不足部分，向"苏松二府练兵各借一万两，镇江府借银两万两"。

一切工作准备就绪后，海瑞依旧采用治理吴淞江以工代赈的经验，在当地广为招募劳动力，同时利用治理吴淞江时所剩余的存款先行开工。治理白茆河的工作以前也进行过，但都只是挖挖河泥，清理一下淤塞的地段就算了，所以很快又出问题。海瑞吸收过往的经验教训，不但疏浚了河道，加宽、加深了河床，还在河的沿岸修筑了堤围，既防止河

水泛滥，又防止两岸泥沙泻入河内从而造成淤塞。此外，开挖水塘、支流，用作蓄、放河水，以调节水量，使白茆河大大提高了抗旱防涝的能力。这样彻底地整治白茆河，是历史上所从未有过的。

一条原来宽仅四丈的小河，被拓宽为七丈宽的中等河流，顺便还将沿岸的河堰堤坝一起整修完毕。至此，太湖周边地区的水患被彻底解除，大批灾民也顺利地渡过了难关。兴修水利所用的经费都是海瑞另外筹措来的，没有增加老百姓的负担。海瑞干成了深得民心、流芳百世的大好事。

海瑞精心治理吴淞江和白茆河，不但有效解决了当时因水灾所造成的问题，使几十万亩的农田免受旱涝，十多万人的生命得到了保障，而且这个地区的生产也因为有了良好的水利支持而丰收年年。海瑞以其巨大的魄力，对人民生命财产的真挚感情，急百姓之所急，想百姓之所想，完成了历任地方长官想办而不能办到的事，以至一向对海瑞存有偏见的乡官何俊良也心悦诚服地说：如果不是海瑞，吴淞江、白茆河是不可能这么快就得到治理的。

禁绝迎送　整饬军务

海瑞积累多年的经验，知道要完成治理一方的任务，必立下规矩，定下方圆。因此，他到南直隶府后，立即颁布了他的《督抚条约》。这份条约，实际是对过去淳安、兴国所做规定的归纳和完善，是海瑞从政思想及方法的全面阐述。海瑞在巡抚任期内，就是按照这样一整套规范行事的。

《督抚条约》中关于对过往官员的迎送礼节有详细说明。海瑞在过去任县令时，对这一套繁文缛节有深刻了解，对这一套形式主义的礼节深恶痛绝。他决心在自己的管辖范围内杜绝这套腐败作风，规定："官吏不许出城迎送。若城镇过大，本院骤至，一时不及知者，随城内近便街道迎送俱是，不出城。如果本官经过府县城镇，不管是否经过长途跋涉，均只在城边就近处迎接，然后引本官入城。如不入城，府县不许出见。抚按不见，过客可知。驿递官止于驿递衙门前伺接，不许远出，接过客亦然。"

再大的官，路过本地，县官不许出迎，只让驿官表示一下礼节。事实上，海瑞在任县令时，甚至是在任教谕时，已经做到了这一点。江浙一带富庶甲天下，各地官员喜欢来此一游，顺便捞点实惠。因此，江南一带地方政府的相应负担很重。海瑞彻底革除这一礼节，减轻了地方官员负担，也打消了许多人想捞取实惠的念头。一时间，过往客官大为减少。

把迎来送往的礼节控制到最简，同时还要控制实际接待时的标准，《督抚条约》规定：本院（指海瑞自己，下同）到各县，如果该县原先没有专门招待所，则只安排住在现有府第之内即可，不许为接待而对现有房间进行任何装修改造，甚至屋内的摆设也不许更换。海瑞特意指出，自己到任何一个地方，都不许界外的州县官员来拜见，这同那些喜欢前呼后拥的官员形成了鲜明的对比。对自己的下级，海瑞要求在会面时，不用穿讲究服装，一般本色服装即可，并且，无论到所属的哪个州县，都不许奏乐击鼓，不许张灯结彩，不许铺张浪费。

海瑞规定，自己到所属各府，其接待费开支标准为每天白银三两，若物价便宜，则只准开支二两。这样的标准，大约只能满足最一般的饮食居住所需，好一点的酒都无法提供。

过去凡府县有新任离任上司，必遣人远程迎送。诸位平级下级官员还要参见新任，辞别即将离开的官员，其礼节极为繁琐，牵扯大家许多时间和精力，浪费了大批财力物力。海瑞宣布，今后此类礼节"合行禁革"。海瑞尖锐地指出，这些礼节实际只有阿谀奉承的作用，与事业与工作毫无益处。海瑞设了专人负责登记到、离任官员的情况，将何时到、离任，怎样组织迎送的情况都登记清楚，这样就能比较有效地进行检查和监督。接待时的住宿、用具、随从、伙食都有了明确规定，明确要求一切从简，不许铺张，并对每一次接待活动都做记录。这些措施使我们想起现在一些国家机关的规定，不少机关对工作人员出差都有规定，不得超标准住宿，不得收受礼品、礼金，并要求接待单位同时上报接待情况，与海瑞当年的规定竟如此相像，这个现象真的耐人寻味。

海瑞不仅规定了自己外出时各地的接待标准，对上级或外地过往的官员，海瑞照样从严掌握，迎送从简。不管是什么人到本地，首先要核对勘合牌标（相当于今天的介绍信和名片）。若是外省来的，如果没有正式的官文，仅仅持有抚按的牌标，则不准接待。虽持有正式勘合，但仅是六品以下的一般官员，同样不予接待，京官自七八品以下的普通工作人员，不予接待。

为了方便行事，海瑞列出了一个长单，详细列举了各种公务往来的情况，以及相应的接待标准。鉴于一些官员喜欢到处巡游"吃过往饭"，海瑞提醒大家，对所有公差都要反复核查，拿到了勘合，还要检查是否有前站的印关，手续不全的恕不接待。海瑞要求各个驿站记录每一次接待情况，他"每月每季委官查勘一次，不当者罪坐挂号之官，甚者罪及驿递。盖驿递官原以应付为事，亦有裁革之权"。海瑞立誓，从他的手中，绝不"妄兴一勘合，妄发一牌一标，万一有误，驿递官径行裁革。具由请，本院当以礼谢"。对那些路过的官员，海瑞要求，若没有特殊情况，各府县的主要官员不得出面接待。不仅是不见，各驿站也不许遣人传报，更不许请客送礼。驿站或其他官员所送的礼，其实都是民众的血汗，拿百姓的财物去送人，是一种犯罪，是贿赂行为，因此，海瑞干脆将这种迎送礼节也取消了。遇有重要官员，如京城的三品以上官员，驿站应该及时报告，各府县的主要负责人可以出面会见，并事接待。四品以下官员则不在此列。如遇知己，仅是朋友相见，但不履行官方程序。

对需要在本地过夜留宿的，海瑞亦有关照。为了节约人手，海瑞将原先长期设置的服务人员全部辞退，他同时十分相信所辖地区可以确保安全，因此规定，外来官员不准许额外要求增派护卫。夜间如需要人手提供服务，则由府内的工作人员担任。这样的规定，确实令一些官员感到难堪。

何以尚是海瑞的朋友，曾在皇帝下令杀海瑞时上疏为海瑞说话，结果被皇帝重责百杖，几乎丧命，与海瑞可谓生死之交。但何以尚到南京，海瑞照样不到城外迎接。到了海瑞的房间，也只被安排在一个角落，后来的接待一切从简，何以尚大为不满，竟甩手而去，再不与海瑞通消息了。海瑞为此大为感慨，但对自己的决定没有丝毫后悔。

海瑞没有带过兵打过仗，但他对军队事务却有自己的独到见解，他几乎是用一种本能处理相应的事务。

圣人一再教导人们各守其责，军队理所当然应该搞好自身的训练。军人不练兵，就是不务正业。海瑞在巡视中发现军队相当松懈，于是提出严肃批评："访得江南兵备，废弛为甚。近日巡江察院亦有此奏。自倭寇宁息而来，征募兵员工作从未停止，养兵费用也没有减少。作为军队，其号令当然更加严格，这些法令也没有什么变化。为何近来军队的训练管理竟如此松弛？古人都知道居安思危，况且对我们这里的威胁就在附近，隔海倭寇并没有睡觉！等到倭寇到了跟前再练兵，则无济于事矣。"为此，平时的训练必须抓紧："今后各统兵官，宜日加训练，甲必坚，兵必利，士卒期必一可当十，十可当百。本院一闻废弛之言，辄以李光弼调发间精采百倍自许，各兵将能应本院口耶？本院奉命，知有军法而已。各兵将念之，毋自贻悔。变故不测，生死存亡，本院同之。本院身先士卒，非徒责人不能责己。"

军队搞训练，地方应支持。过去一些官员将军队当成劳动力储备所，经常调用军人干一些一般民用工程，有的甚至调用军人干自家私活。用习惯了，一旦不让用，一些人竟然不知所措，真不知没有军队时这些问题该怎么解决，"弘治六年，官司私役民壮者，照依私役军余例问罪。乃今府县百般役使，谓舍此理无可用。不知天顺初设民壮，弘治二年其制始备。弘治二年以前，府县用何人氏？"海瑞规定，非特别紧急情况，不准以任何理由调用军卒干军务以外的事务。

要支持军队训练，就要为军队创造良好的外部环境，军队的训练也应有一定的标准。在《督抚条约》中，就有关于军队训练和保证训练的专门要求："自今以后一归兵营，时加训练，兴军士募兵，一体操演。在州县官照依冬操三歇三余，月操二次。私役一人，本院决不轻贷。本院提督军务，亦惟行军事时然后用之。余又不必言矣。"

即使是治安、军事等事务，亦不可忘记节省之原则。海瑞对此的规定也极为具体，如，县府接受百姓的诉状，派人拘捕人犯时，只许派里

正气凛然

海瑞祠

长执行，不许多用他人。里长平时驻在乡里，负责乡村的治安事务，让他们拘人，可以省时省力。当里长不在时，由原告执县府的批文执行。只在遇上真正大的强盗等事件，才准许用府里的皂隶和其他人员，而这样的用度都必须登记在册。在城内治安情况良好时，轻易不能动用皂隶，因为一经运用，就必然发生费用。只有在局势不好控制时，才批准动用皂隶或军队。这从另一个侧面，说明当时在海瑞的治理下，当地的治安形势是比较乐观的。

念念不忘　关心民生

关心民生，为民做主，这是海瑞一生中念念不忘的事。早在入仕之前，他就已经牢牢树立了这一思想观念。海瑞36岁参加乡试时，所写的文章就是著名的《治黎策》。在这个策论中，他分析了琼州的地理和政治形势，指出治理琼州的关键在于能给老百姓一条生路，使他们免于饥寒。他认为，政策起着重要的作用。关于如何治理琼州，过去有人提出要禁止商人在琼州活动，因为商人能为豪强提供武器。但海瑞认为，这是根本行不通的，因为只要有利可图，商人就会千方百计去经营。事实上，禁令实行了这么多年，一点效果也没有。禁商，最终受害的只是平民百姓，商业得不到发展，琼州就富裕不起来。百姓连日常生活的必需品也不能解决，怎能生活得舒畅呢？

还有人提出，要禁止百姓离开乡村，这样就可以防止村民逃避徭役和赋税，更可以防止盗贼的出现。殊不知，老百姓本来就是十分热爱家乡的，只是官府的苛捐杂税太重，使他们无法生存，才不得不离乡背井，外逃是迫不得已的事。当乡民们为了生存而要离开时，官府是怎么也禁不了的。

也有人提出，只要限制地方官员和豪绅对百姓的欺压，百姓就不会闹事了。但事实上，连知书识礼、身居高位的官员也不可能放弃对百姓的剥削，何况那些没有文化的地方富豪呢？而海瑞则提出，除了严惩地方恶棍外，应在琼州开辟十字大道，把交通发展起来，既让货物流通，又让百姓出行方便，使他们广为接触外界。同时，一定要让没有土地的农民拥有自己的土地，让他们安心生产，海瑞认为这才是解决琼州百姓生活的根本方法。

海瑞这一设想，虽则是理想了一些，但百姓的问题是最基本的生活问题，这点在年轻的海瑞心中是认识到的。在以后的仕宦生涯中，他都是主要从这些方面去关心百姓的。后来海瑞当了都御史，有了比以前更大的权力，他就更有能力关心百姓的事了。海瑞升任都御史一职，为当地做了两件大好事。刚上任不久，他管治的应天府便出现了严重的水灾，这个本来是鱼米之乡的富裕地区，一下子饥民遍野，连转运给朝廷的粮食也难以如数征调。面对这一严峻的局面，海瑞提出让政府官员每年领用的粮食按一定的比例折换为银两，这样可以节省下大量的粮食用以救济灾民，也可以减轻向农民征粮的压力，这个主意很快得到了朝廷的同意。

他在巡视的地区设立"劝农老人"，通过他们来带领和指导民众从事耕作。又向百姓发出了一篇《劝农文》，号召人人从事耕作，做一个不丢荒土地、不游手好闲的人；又号召大家节衣缩食，不要浪费；平时要做到孝顺父母，尊敬长辈，友爱兄弟；更不能酗酒闹事，偷鸡摸狗；鼓励人们要在农闲时间认真学习，养成良好的习惯。最后他还表示，要是谁有困难可以告诉他，他一定会想办法给以帮助。

这篇《劝农文》虽然只有短短四五百字，但却十分诚恳地表达了海瑞对民众生产和生活的关心。事实上，海瑞也是以实际行动为民众办实事、办好事的。

正气凛然

海瑞

第 八 章

得罪权贵　罢黜回乡

由于海瑞一心为民，为官清廉，为人更是正直不阿，遇到对国家和人民不利的事情，就一腔热血地去为人民争取更大的利益，因为他这样的性格，所以在当时得罪了不少人，最终因为得罪权贵，被罢黜出乡。

不敌权贵　辞职回乡

　　海瑞在华亭县对徐阶家人退田的秉公处罚，塑造了一个铁面无私的公正形象。当年徐阶被免官回华亭县时，海瑞亲自到城外迎接。两人在会谈中，徐阶希望海瑞能多关照其家人。海瑞却以一定会秉公办事来报答徐的救命之恩。后来，华亭县百姓状告徐阶家人不法自断增多，海瑞为了调查案情，亲自到华亭县调查会晤叙旧。徐阶对家人所作所为早已心知肚明，他希望海瑞对其家人的处理能宽大通融。海瑞并没有满足徐阶不合理的要求，经过大量调查，实事求是地为老百姓求得了公道。江南的地方官员慑于海瑞是自己的顶头上司不得不执行命令，不过办案时仍非常小心翼翼，"所亏行"，一些豪强权贵人家在不得已的情况下，只好找寻地方躲避海瑞的进一步追查。但是他们对海瑞的行为由怨生恨，视海瑞为眼中钉，"共思逐公自便"，联合起来准备把海瑞赶下台，"奸民多乘机告讦"，海瑞受官员残酷打击的时刻到来。

　　与此同时，海瑞在《督抚条约》中对地方官员接待官员的苛刻规定，也将自己置于整个文官系统的对立面，"士大夫出其境率不得供顿，由是怨颇兴"。他们已经公开对海瑞降低驿站接待规格不满，"南都诸公谓陆路夫马短少"，并试图通过巡按、侍郎给海瑞施压，以恢复以往的接待水平。然而海瑞却坚持按《督抚条约》办事，指出条约既然已经颁布天下，就不能朝令夕改，"事行已定，恐不必再加也"。海瑞这种丝毫不妥协的态度，自然会引起官僚权贵们的极大不满，明末人沈德符就在《万历野获编》中指责海瑞是"不识时务，好为不近人情之

正气凛然

海瑞

事"。朝中有一个叫舒化的官员也对海瑞在江南地区的做法，表示十分不满，认为海瑞过分强调节俭已不适合社会经济发展的形势要求，是不识大体的迂腐行为，有失巡抚的体统。尤其是徐阶自以为救过海瑞的命，而海瑞竟然对徐家没有任何通融之处，恼羞成怒的徐阶派了家人到朝廷找一些握有实权的官员，试图从朝廷中弹劾海瑞。

　　徐阶的愿望与朝中官员对海瑞的不满不谋而合，尽管舒化曾经在皇帝面前说海瑞虽然在嘉靖朝是"一代直臣"，但在办事过程中"迂滞不谙事体"，认为海瑞已经不适宜在地方做拥有职权的官职，可以安排他做一个轻闲的虚职，但是皇帝并没有答应，反而对海瑞在应天巡抚任上的工作大加肯定，"得旨，海瑞节用爱人，勤政任怨，留抚地方如故"。

　　然而，弹劾海瑞的行动并没有停止，徐阶派家人送书信给宦官冯保，并以千金贿赂管理官吏的吏科给事中嘉兴人戴凤翔，戴凤翔随即对海瑞进行了参奏。据《明史·海瑞传》记载，戴凤翔参奏海瑞的罪责主要有"庇奸民，鱼肉缙绅，沽名乱政"。意思是说，海瑞在应天巡抚任内保护百姓，鼓励百姓告状，使得乡官缙绅之家受到重大损失，同时颁布各种条约既好出风头又不合时宜，扰乱了地方政治秩序。戴凤翔还说海瑞妻子和女儿几日之间相继死去，可能是被谋杀。戴凤翔的参奏果然达到预期的效果，朝中官员确信海瑞怪僻而不近人，皇帝最终也招架不住朝野官员的联合行动，同意据各种参劾奏疏提出的意见，以"志大才疏"为由，改任为督南京粮储。这一职务尽管没有降低海瑞的待遇，但实际上却架空了海瑞，使海瑞失去了实际的权力，成了一个闲官。戴凤翔的上疏显然是受到了徐阶指使的结果，后来戴凤翔还与徐阶家成了儿女亲家。戴徐的联手，本身就说明了江南地区乡官之间错综复杂的关系，正如海瑞自己在《被论自陈不职疏》中所说，湖州和苏州、松江等府接壤，"婚姻交际如一府一县"，正因为如此，他们才可能一拍即合。如此微妙的情形，看出明朝官场中的钩心斗角，一年前还没有人敢于非议朝中最正直的忠臣，一年之后海瑞却成了众矢之的；一年前吏部还因海瑞的抗议对他另眼相看，一年后却建议皇上让海瑞去担任不负实际责任的官职。

应该说，朝廷决定将海瑞调离应天巡抚，还与官员首辅高拱有关。隆庆三年（1569）冬，徐阶在权中败下阵来，隆庆皇帝再次起用高拱，任命其为内阁兼管吏部事，掌管朝中人事大权，成为协助皇帝处理朝廷事务的最重要的大臣，高拱虽"无宰相之名，而有宰相之权"。由于海瑞在当年高拱和徐阶的斗争中，明显偏向徐阶，激烈攻击高拱，引起了高拱的仇恨，《明史》记载高拱"素衔强瑞"，因此，高拱上台后就会想方设法报复海瑞。还有一种说法是高拱上台后，并没有打击报复海瑞，当他得知海瑞在江南整治徐阶及其家人飞扬跋扈的情况时，反而把海瑞当作自己施政的重要得力助手，目的是利用海瑞正直无私的心态，去对付徐阶。可以想象，当舒化要求调离海瑞时，皇帝不答应，并下圣旨留任海瑞，时掌管吏部的高拱肯定是支持海瑞的。只是后来由于整个朝野对海瑞的指责，舆论几乎出现一边倒的倾向，高拱也无心去庇护海瑞。

隆庆四年二月十五日，高拱在戴凤翔弹劾海瑞的奏疏上批复，认为海瑞在江南的行动尽管是为国为民，但其所做的改革"求治过急，更张大骤，人情不无少拂"。同时，他还指出由于言官对海瑞的弹劾，"若令仍旧视事，恐难展布"，建议皇帝在"遇有两京相应员缺酌量推用"。高拱的建议在十七日就得到皇帝的批准，二十五日朝廷正式下令调海瑞"以原官总督南京粮储"。正当海瑞在应天巡抚任上等待交接工作，并向朝廷上《被论自陈不职疏》为自己辩解之时，三月，御史杨邦宪上奏说，南京已经设有户部尚书，且可兼管粮储，高拱据此提出将刚刚任命还没有上任的"总督南京粮储都御史海瑞依议裁革"。可见，高

正气凛然

海瑞

拱在关键时刻，权衡自己在官场中的利弊得失，加之仍没有忘记以前海瑞对自己弹劾的旧恨，顺着朝野官僚集团之心愿，同时也意识到江南苏松地区乡官权势力量的强大与复杂，对海瑞采取了釜底抽薪的做法，借以缓和与苏松地区权贵的矛盾。

尽管海瑞对戴凤翔的诬陷进行了强硬的抗辩，高拱还是让海瑞离职回家乡等候调任。海瑞于是主动向皇帝上《告养病疏》，向皇帝直言，朝中群臣"互为掣肘，互为排挤"，尽管皇帝"有锐然望治之心"，但是"国俗民风，日就颓敝"。请求皇帝恩准自己"归田以延残喘"，因为自己已是57岁的老人了，身体外强中瘁，"血气益虚""衰弱为甚"；老母亲81岁高龄也需要赡养，故恳请皇帝"赐臣回籍，永终田里"。这是海瑞对当时官场的一种反抗，诚如海瑞在《复吴悟斋操江都院》所说，自己在江南地区"百凡区划"，然而却屡屡受到攻击，"这等世界，做得成甚事业！"他在给高拱的信中也说，自己原本想"竭尽心力，正欲为江南立千百年基业"，以报答皇上的知遇之恩，然而，面对一些人的恶意攻击，自己又不想把精力放在和他们较量是非之上，"是实不能再当官事"，于是去意已决，请高拱支持。即使如此，海瑞心中仍装着百姓的苦乐，他恳请皇帝对他在应天巡抚任上所制定的各种措施，不要轻易改变，因为这些举措都是自己"采访民言，考求成法"所制定，实践证明也是利国利民的。海瑞在辞职奏疏中痛斥朝中官僚见风使舵，没有为国为民的正气感，指斥内阁大臣"自以徇人为是，是庸臣也"，海瑞这一耿直的秉性其实与他自年轻时代就养成的恶乡愿思想是一脉相承的。皇帝也知道朝中大臣对海瑞的意见一时难以扭转，于是也就同意了海瑞的辞职请求。海瑞仰天长叹，把自己对国家前途命运的关注，带到了南国的海岛，无可奈何地望海兴叹。四月下旬，海瑞带着母亲和家人一起回到了海南家乡。

赋闲在家　不放国事

隆庆四年（1570）四月，海瑞自应天巡抚被解职，回到家乡琼山过着清苦的闲居生活。家里有一个年逾古稀的老母亲和两个较年轻的侍妾，这件事也曾引起他的政敌的攻击。海瑞对母亲谢氏很孝顺，在南平、淳安、兴国等地时，都是把母亲接到任上一起生活。海瑞生活一直比较清贫，母亲和他在一起实际上也没有真正享受过快乐的生活。海瑞赴北京就任户部云南司主事时，谢氏因为在南方住惯了，怕受不住北方的寒冷，就没有去，海瑞让妻子王氏伴送母亲回到了故乡琼山。当海瑞进谏而下狱的消息传到故乡时，谢氏以为这个一手抚养成人的儿子已无活命希望，便在焦急惧怕交迫之下病倒了。海瑞出狱后曾请求回乡侍奉老母而没有被准允，升任南京右通政时，才又把母亲和妻子王氏接到南京生活，后来王氏和一个妾均死在南京，应天巡抚解职后，海瑞和母亲从苏州回到琼山。王氏是和海瑞在一起生活得最久的一个妻子，生了中砥和中亮，两个儿子先后夭折。在王氏之前，海瑞还娶过潘氏、许氏，先后被休了，许氏生有两个女儿。海瑞公开娶的侍妾有丘氏和韩氏，丘氏生了一个儿子，名中期，也夭折，海瑞晚年的家庭生活是寂寞的。

海瑞从南京离职回到家乡琼山闲居，原本以为很快就可以复出，因为朝廷在海瑞回家时，曾经下过圣旨，"奉钦依熙旧候用"。不料，这一"候用"居然长达十六年之久，直到万历十三年（1585）才得以复出为官，这说明朝中对待重新起用海瑞复出始终存在着很大的阻力。阻止

海瑞复出的一个重要人物就是首辅张居正，《明史·海瑞传》记载说："万历初，张居正当国，亦不乐瑞。"就是说，张居正不喜欢海瑞，所以始终不肯起用海瑞。

张居正字叔大，号太岳，今湖北江陵人。嘉靖二十六年（1547）进士，被选为翰林院庶吉士，深得徐阶等器重。后因不满严嵩专权而托病回家休养，潜心研究当时的社会与政治问题。嘉靖四十一年，严嵩被罢官，徐阶担任首辅，张居正得到晋升重用，隆庆年间，官至礼部尚书兼武英殿大学士，与首辅高拱等整顿北边武备，使北方边塞数十年平安无事，并因此累加至吏部尚书、太子太师等职。海瑞回海南两年后，隆庆六年五月，穆宗皇帝逝世。公元1573年，明神宗登基，是为万历皇帝。这是明朝历史上在位最久的一位皇帝，前后长达四十八年。万历元年，张居正与太监冯保联合起来，以两宫太后的诏旨把首辅高拱赶下台，时万历皇帝虚岁只有10岁，其实是一个不谙世事的孩子，张居正自任首辅，掌握朝廷大权，国家大事基本由他决断，直到万历十年六月他去世为止。

其实按理来说，张居正在徐阶主政时期，屡屡受到徐阶的提拔重用，应该属于徐阶的门生。据说徐阶当年在草拟嘉靖遗诏时，并没有和同为阁臣的高拱商议，反而和尚未入阁的张居正合谋。就这一点来说，海瑞和张居正均属于徐阶一党。在隆庆朝弹劾海瑞以及海瑞被迫返乡闲居时，张居正对海瑞则明显抱有同情态度，他在当政时也厌恶苏松地区权贵的不法行为，曾经在《答应天巡抚海刚峰》一文中说："三尺法不行于吴久矣。公骤而矫以绳墨，宜其不堪也。"对海瑞在江南锐意革新、重塑国家威信表示赞同，同时对朝野关于海瑞的攻击表示不满，"讹言沸腾，听者惶惑"，而对自己不能左右局势为海瑞说公道话，"有深愧焉"，表示歉意。

其实，海瑞和张居正两人的政见有许多相同处，比如都赞成和推行一条鞭法，都希望严肃法纪。但张居正拒绝重新起用海瑞，可能是忌讳海瑞不通人情世俗，动辄轻率冒进，不能照顾大多数人的颜面，会给自己制造更多的麻烦，所以《明史·海瑞传》说："居正惮瑞峭直，中外交荐，卒不召。"可见，张居正对海瑞在江南地区太急躁冒进的革新，而引起了众怒难犯的局势是非常清楚的，所以不愿意伸出援助之手。就在张居正主政的万历元年正月，吏部就有官员上疏朝廷推荐海瑞复出，《明神宗实录》记载，万历元年正月，吏科都给事中雒遵举荐海瑞"秉忠亮之心，抱骨鲠之节，天下信之"，要求皇帝"宜亟赐首录"，但这一请求却遭到了张居正的拒绝。那么张居正为何不愿意召回海瑞呢？这里面又突出了海瑞倔强的性格，再次招致了张居正的忌恨与不快。

　　海瑞虽被迫引退，闲居在海南，但对天下事尤其是发号施令的京师却一直十分关心。也正因如此，导致了他与张居正主政期间的多次冲突，最显著的冲突有两次。第一次发生在万历二年，张居正的长子张敬修参加在京师举行的会试有作弊之嫌疑，海瑞为此发表了自己的看法。科举考试到明中叶以后弊垢不断增多，其中最遭人非议的就是科举和权势结合的趋势愈益明显，朝中大臣总是想方设法动用各种关系，以庇护自己的子弟猎取高第。张居正也不例外，他本人是通过"昼作夜思，殚精毕力"的努力，才考入进士，并由此逐步发迹，因此，他对自己儿子辈的科举考试十分重视。万历元年其长子张敬修中癸酉科举人，次年参加甲戌科会试落第。张居正很不高兴，遂决定甲戌科不选庶吉士，引起士人私下的不满。万历五年，张居正的长子敬修、次子嗣修同时参加丁丑科会试，结果两人同中进士，而且嗣修还名列一甲第二名，即榜眼，官场为之议论纷纷。紧接着到万历八年的庚辰科会试，张居正的第三个儿子懋修也参加科举考试，居然中了一甲第一名，即科举考试中最高等级的状元，朝野舆论为之大哗。好在张居正在万历十年就死了，否则张家中举还会接连不断，当时就有人作诗加以讽刺，"状元榜眼尽归张，

正气凛然

海瑞

岂是文星照楚乡。若是相公身不死，五官必是探花郎"，五官是指张居正的第五个儿子。据当时人的记载，张居正在其子参加会试期间，确实依仗权势做了不少小动作。万历十一年三月的《万历邸抄》报道，御史魏允贞上疏皇帝揭露张居正的几个儿子参加会试都是请人代笔，"居正诸子得请人代作"，而且考官又为其作弊，"监试官又加意誊朱，分别式样"。

海瑞历来主张为政者要清正廉明，反对以权谋私。他虽然远在海南，但是张居正助子成龙，其子接连中榜，成为当时社会流行的热门话题。海瑞听到这些对张居正的非议，自然不会置之不理。海瑞立即写信给内阁次辅、时被朝廷任命为会试总裁的吕调阳，信中提醒吕调阳要公正取士，不能为了升官而徇私巴结张居正，"今年春公当会试天下，谅公以公道自持，必不以私徇太岳。想太岳亦以公道自守，必不以私干公也。惟公亮之。"这封信的具体时间不详，据宣统三年（1911）续修《琼山县志》卷十五《金石志》记载的"海忠介石刻补"说："吾乡忠介公刚正之气，无往不与俱。此书盖明神宗初年，张居正擅权……公以讽大学士吕调阳者。"

估计当时的时间应该为万历二年。海瑞这封信言简意赅，内容却坦率正直、义正词严，吕调阳对这封信或许有所顾忌，所以导致这一年张敬修在甲戌科会试中落选。据说张居正得知张敬修落第与海瑞写信有关，因而对海瑞更加忌恨。

海瑞与张居正发生的第二次冲突是万历五年的张居正"夺情"事件。万历五年九月，张居正的父亲在家乡去世，讣告很快就送到北京张居正的手中。按照传统礼法规定，官员遇父母丧事，必须解职回原籍家中守制27个月，即常说的三年守丧，文献称为"丁忧"。"丁忧"期满后照旧做官，称为"起复"。但个别官员因为国家政务需要，皇帝往往不同意其解职回籍守丧，或者回籍守丧期间因朝廷有紧急公务而被召回任职等，称为"夺情"。不过在"夺情"期间，他们要穿着素服办公，不能参加喜庆吉礼活动。张居正面临着为父"丁忧"或"夺情"的问题，引起了朝廷各方面的关注。九月二十五日张居正接到父亲去世的讣告，九月二十六日内阁次辅吕调阳等人就奏请皇帝批准张居正"夺情"主事。朝中大多数官员见此也连续表态，要求皇帝对之"夺情"。但是也有官员明确没有"夺情"之意，张居正本人也几次上奏要求解职回籍守制，但其本意不过是施放烟幕而已，"自以握权久，恐一旦去，他人且谋己"，就是担心一旦回家三年守丧，恐怕就难以再握重权了。直到十月中旬，在张居正的得力谋士、户部侍郎李幼孜和宦官冯保等的鼓动下，才决定"夺情"，张居正也表示同意，并提出"夺情"期间主政，不要朝廷支付的薪俸。不少官员以此认为张居正是一位权力欲极强的人，张居正的门生吴中行从纲常礼教的角度上疏皇帝，要求张居正先回籍守制，然后再召回"夺情"。刑部主事艾穆和沈思孝联名上疏要求张居正回籍丁忧终制，指斥张居正主政是"宰相之天子也"，大有罢免张居正职位的嫌疑。有关张居正的"夺情"之争逐渐演变为群臣间的夺权斗争了，张居正对此予以坚决的反击，对反对他"夺情"的人，或廷杖或谪戍。

张居正以强暴手段镇压对手，一时间引起了人们极大的反感，"人情汹汹，指目居正"，社会上不断有批评张居正的文件出现，"至揭谤书于通衢"，就是说在大街小巷都出现了谩骂张居正的大字报。

然而，就在这股反对张居正"夺情"恋权的活动中，在江南地区广泛流传着一份以海瑞名义弹劾张居正"夺情"的奏疏，从而把张居正与海瑞的关系再次推到了紧张的对立面。据当时人黄秉石根据自己"亲闻见之"的事实，在其撰写的《海忠介公传》中对此有较为详细的记载，大致情况是，张居正主政时期，虽励精图治，但是却专权独断，培植利己势力，打击不同政见者。张居正自己把持朝政，同时将自己的党羽派

正
气
凛
然

海瑞

往南京，这些人在南京"纳贿招权"，引起南京官场的极大不满。这个时候，人们更加思念当年海瑞在南京主持工作时的清正廉明，恰好又遇到张居正"夺情"事件，江南地区也是议论纷纷，"吴之好事者，潜拟公疏劾张，复拟旨下罢张，且刊布南中"。就是说，江南地区有人暗中以海瑞的名义上疏弹劾张居正，并要求万历皇帝罢免张居正，而且这一伪造的海瑞奏疏也被写成小字报贴在大街上广泛流传。不仅如此，南京地区官民还举手相庆，要求朝廷起用海瑞为内阁首辅。张居正知道这件事后，非常恼火，指使南京官府彻底追查事件的真相，捕获士人拷打审讯，不少人被逼迫致死，"士有枉死者"，人为制造了一场大冤案。《明史·孙维城传》对此记载，江南宁国诸生吴仕期也想上书发表对张居正不奔丧的看法，还没有发出，此时恰好发现有人伪造海瑞弹劾居正疏。太平同知龙宗武于是就将仕期抓了起来进行拷问，"榜掠七日而卒"。

张居正对伪造的海瑞"奏疏"案，显然没有到此为止，也更加忌恨海瑞。据黄秉石记载，张居正还专门授意广东官府派人到海南岛暗中察看海瑞在家乡的一举一动。当这位特派专员赶到海南以慰问的方式试探海瑞的行动时，看到的却是海瑞居住在深山之中，只有几间破烂的茅草房，海瑞亲自下厨做饭招待专员。专员在吃饭时，有意询问海瑞有关朝廷中的事情，海瑞"皆不晓，且未知张相之有父忧也"。这位特派专员把自己在海南岛看到的和了解到的海瑞情况报告给了张居正，张居正对海瑞的愤怒和猜疑之情才算告一段落。

《明史·海瑞传》对此也有记载说，巡按御史到海南，海瑞在山中的家里杀鸡招待御史，御史看到海瑞家徒四壁，叹息而去。黄秉石对此评论说，"当是时，天下知公而已，故以有正论，必自公出"，只不过是因为海瑞秉公办事的名声太大，所以人们才会伪托海瑞的名义。其实，张居正"夺情"之事，天下沸腾，海瑞是否真的不知道此事，尚有疑问。不过，以海瑞的个性来看，如果真的知道张居正"夺情"之事，他会直接上疏朝廷或张居正本人，而绝不会私下写奏疏且到处传阅。张居正本人后来也承认知道这是伪托海瑞奏疏而已，他在给一位幕僚的信中表示："详其伪疏之意，不过以海君为世望人，故托之以阴鼓异类，窥窃虚名。"但即使这样，他还是派人去海南观测海瑞的动向，说明他对海瑞一直戒心很重，他一再阻挠海瑞复官也就是情理之中的事了。

海瑞担任巡抚的时间也不长，他对官吏的冲击太狠了，他企图用重新丈量土地的办法，恢复祖制，缩小贫富差距。他没有料到，这一措施实际上是对整个制度的冲击，以他一个人或少数几个人的力量，企图改变社会上通行的各种弊端，在当时条件下是行不通的。因此，被罢官是必然的。隆庆五年，58岁的海瑞退休，回到了自己的家乡海南。

退休闲居，对于海瑞来说是一种难以忍受的痛苦，海瑞立志要成为圣贤，要将自己的全部精力奉献给国家和人民，工作是他的全部精神寄托。离开了工作，他顿时感到空前的空虚和渺茫。何况，他的家乡远在海南，不比那些居住在城市的退休官员。城市里的退职人员有自己的生活圈子，可以聚在一起舞文弄墨，谈天说地，甚至出任书院院长等。城市是政治经济的集中地，多数退休官员可以找到发挥余热的机会。而位于天涯海角的琼州，海瑞接触到的只是湿热的空气、汹涌的波涛和无休止的黎汉之争，这些给海瑞带来的无疑是更多的烦恼。

更令海瑞感到遗憾的是，他的家庭生活充满了悲剧色彩。海瑞先后结婚三次，又有两个小妾，本该人丁兴旺，儿孙绕膝，不料他的婚姻却屡屡失败。他的第一位妻子为他生了两个女儿，因与婆婆不合而被休，第二位妻子结婚仅一年就因为同样原因离开了海瑞。第三位妻子和一位小妾为海瑞生了三个儿子，不料先后都因病去世。不孝有三，无后为大，这成为海瑞抱憾终生的大事。

海瑞是孝子，自幼受到圣贤之书的影响，严守伦理纲常，他在自己

正气凛然

海瑞

住所的大堂正中，悬挂了"忠孝"两个大字，作为自己恪守孔孟之道的鞭策。在他的心目中，母亲是第一位的，妻子是第二位的。他到北京做官，母亲说忍受不了北方的寒冷，他毫不犹豫地让妻子陪母亲回老家，自己只带了一个小僮来京。妻子和母亲发生冲突，他从没有想过从中调解，更不会去批评母亲，而是无条件地支持母亲的决定，随意地"休"掉了妻子。海瑞的第三任妻子和小妾于1568年在10天之内先后死去，许多人认为这或许是与海瑞的母亲有关。这在事实上成为海瑞政敌对他进行攻讦的口实，海瑞对此真是有口难辩。种种迹象说明，海瑞的家庭生活无味，缺少温情，更谈不上和睦欢乐，从某种意义上说，海瑞成了传统伦理道德观的牺牲品。

当然，海瑞毕竟是不寻常的汉子。事业的失意，家庭生活的不幸，都没有使他倒下。他的生活依然朴素，有客来访，他不上酒，不上肉，只是清茶一杯，菜蔬几许，却常常与朋友谈得日头西下。有的时候，他送客到门口，说起大家感兴趣的话题，会一连几个时辰站在那里说个没完。海瑞的名气已经很大，所以拜访的人很多，一些人看到他生活艰苦，常给他送礼品和银两，他把这些或转送给周围贫穷人家，或送给操办红白喜事的朋友。这一期间最能给他带来欢乐的，无疑还是教学。有朋友将自己的孩子送来请他点拨，他会异常兴奋。他将乡间的"乡约亭"当成专门讲学的场所，有时从上午讲到下午，又从下午讲到晚上，天黑了，就点上蜡烛继续讲，其情其景，令人感动。

海瑞在家一待就是15年，其间，他一直关注着时局的变化。张居正出任首辅时，他特意给张居正写了一封信，要求张主持公道，给他一个正确的评价，但张没有理睬。究其原因，可能是因为在前些年的政治斗争中，有人曾冒用海瑞的名义写了一封信，对张进行人身攻击，该信广为传播，影响很大，张大为恼火。

为此，官府专门派人找海瑞了解情况，发现他对当时政府的许多情况一无所知，因此断定这事并非海瑞所为，但张自此对海瑞耿耿于怀。另一方面，海瑞的工作作风也不为张所欣赏，张在给海瑞的回信中说道："苏松一带积弊甚重，你能在任巡抚期间大力整顿，矫枉过正，用心虽好，但确也引起许多非议，人们不理解，因此一时难以接受你的举措。我虽任首辅，却也没有能力一下子平息大家的议论，在此表示十分的抱歉。"海瑞碰了个软钉子。虽然张居正也对苏松一带的地主不满，也立志改革和整顿，许多思想与海瑞几乎完全一致，但他仍不能容忍海瑞，拒绝向海瑞伸出援助之手。海瑞被拒一次，对张也心存不满，万历元年，海瑞60岁时，张居正也曾考虑让海瑞出来担任官职，但海瑞认为自己无法与张合作，拒绝了这次任命。直到1585年，张居正死了，他才被重新起用为南京右都御史。

✒ 依旧不忘　关爱百姓

海瑞罢官回家后，用以前工作期间积攒下来的120两银子购买了几间房子，靠着祖传的田地为生，从来没有为自己谋取任何私利。海瑞除祖田十余亩之外，自己没有添置过半亩田产，有人假冒海瑞的名义在琼州府一带放债买田，海瑞当时在外地任职，听到风声，便写信给琼州府知府史方斋："生自入仕，至今未南归，俸金所入，仅仅足用，余无分文可债可贷，田业止祖遗粮一石二斗，外未增一亩一升，有以二事呼瑞进状者，皆作伪也。乞台下一查治之，勿少假贷。上碧崖，下县属，并乞转此相谕。"请求史方斋严加彻查。海瑞卸任应天巡抚回琼山不久，母亲谢氏去世，他连安葬母亲的费用都不够，好在有广东按察司副使陈复升送了一笔丰厚的礼金给海瑞，海瑞用来给母亲购买了一块坟地，以后再也没有买过什么田产。从张居正派去海南察看海瑞的巡按御史眼中可以看出，海瑞在家乡的生活是穷困潦倒的，住房破败不堪，而且也几乎没有佣人相助。然而，即使在这样的闲居生活中，海瑞仍一直关心国家大事，尤其关心海南地区的民间疾苦。他曾给同僚巡按龚怀川写信表示："瑞平生有济世之念，而人不与，庚午（1570）告归。展布万分无能乃一，此非怨天尤人之念。终己一生，止此还天，不能不自为歉也。"海瑞对自己的济世思想得不到施展，而表示极为遗憾。万历六年（1578）朝廷下令清丈天下田亩，限三年完成。海瑞对琼州府清丈田亩十分关心，他专门写信给分巡琼州道唐敬亭，以自己在淳安、兴国、应天丈田的经验教训，指出清丈中应注意事项，并草拟一份《拟丈田则例》的书面文件，绘制图样，分别说明执行的条款办法，可见海瑞办事的一丝不苟。

根据海瑞制定的《拟丈田则例》内容，可以看出海瑞对海南地区的农业社会是相当了解的。他要求官府配备参加丈田的人员，必须是"家道殷实，素信服于人之人"。为了防止在清丈中有欺骗行为，所有丈田人员中的公正、书算、弓手等配备要有多人组成。同时，建议官府在丈量田地时，要全府统一行动，参加人员必须签字画押，如若作弊，"各当其罪"。海瑞对海南不同的地形以及田地上的树木等如何丈量、计算，均提出了自己的意见，甚至连清丈书写的格式也设计好了。与此同时，海瑞还要求各地县官必须亲临清丈田地第一线，"田必覆丈，县官盖无一日不在田地之间也"。但是又要求他们不要带着太多的胥吏随行，从而产生扰民现象。为了防止实际办事人员在清丈中作弊，县官必须每天都要检查各种清丈报表，做到县官"虽不亲书亲算"，但必须能"亲自监督"，从而保证清丈的公正性。通过清丈田地，重新认定赋役，以减轻人民负担，因为通过丈量田地，可真正实行"无虚粮虚差"的现状。海瑞还针对当时社会上流传"丈田如遭一大兵火"的说法，表示了自己的看法，认为一是书生不懂丈量之法，且朝更夕改，所以扰民；二是一些人借丈量之名来捞取不义钱财，所以在清丈之前，要有一定之法，然后依法而行。

海瑞制定的《拟丈田则例》，得到了唐敬亭的喜爱，要求海南各县随后按照海瑞的"则例"开展清丈田亩活动，效果也明显不错。海瑞对清丈土地有成绩的地方官员大加赞赏，曾先后撰写《赠陈侯丈亩成功序》和《赠陈大尹得奖劝序》二文给临高知县陈振源。临高县于万历八年开始丈田，万历十一年完成。陈振源在临高实行丈田的三年之中，始终以"公廉勤慎"自勉，"冰蘗之守，三年一日"，事事亲力亲为，"民无财费，生业不扰"，赢得老百姓的爱戴，"一县之人得有千百年均平之美，有其田方有豪镘粮，举赖于侯，刻骨之感"，称赞陈振源丈量田地的态度"视国如家，民若子"，所以成绩斐然。又如罗近云在文昌肃定安丈量田地也受到官府和百姓好评，并因此晋升钦州杰守，海瑞撰写了《赠罗近云代丈定安田序》，对此表示祝贺和肯定。海瑞以在野

正气凛然

海瑞

之身时刻关心家乡的建设，也反映出他对国事的关心。

海瑞在家乡闲居期间，还多次写信给其他同僚官吏，详细陈说地方政令之得失，希望他们能真正为百姓办好事。如他曾经两次写信给浙江布政司参政史际，告知自己曾在淳安知县任内了解的民情和施政情况，供他在施政过程中参考。

隆庆六年（1572）倭寇劫掠海南沿海的临高、定安、万州、

海瑞铜像

文昌、乐会等州县，"来来往往，杀掠村市，如入无人之境……从前以来无有也"。海瑞既对百姓遭受的苦难表示痛心，也对军队的不作为表示非常愤怒，专门给负责两广军事的官员殷石汀写信，指出倭寇数十年来在海南沿海地区劫掠，"日甚一日，年甚一年"，百姓每天都生活在水深火热之中，"惴恐日夕"。直言不讳批评军政当局，"平时养兵，迄与不养之时无异"，认为正是他的"纵寇骄兵"，才导致地方屡屡受害。他认为不仅要提高军队战斗力，剿灭倭寇，而且还要充分发动群众，"家自为守，人自为战"，从而才能有效地防御倭寇的侵犯。海瑞还对广东寇乱不止提出了自己的看法，认为这是由于官吏的腐败所造成，"广寇大都起于民穷"，民穷的原因可能很多，但"大抵官不得其人为第一之害"，就是说地方官没有为百姓造福谋利，而是一味与流俗同流合污。海瑞感慨地说："今人居官，且莫说大有手段。为百姓兴其利、除其弊。只是不染一分一文，禁左右人不得为害，便出时套中高人者矣。"把对官吏的要求已经降低到了不求做好事，只要不做坏事，不贪污，也就是好官了。海瑞以一个在野乡宦的身份再次为民请命，也再次凸显了其刚强正直的品格。海瑞对家乡文教事业也十分重视，对海南地方官在万历七八年间修建学宫培养人才，"造士之功"，十分高兴，撰写了《修学宫记》，彰显其功德。因为学宫是古代社会培养士人的官办学校，是开展地方文化教育的一个重要场所。

嘉靖、隆庆年间，海瑞目睹了朝廷内部阁臣倾轧，给社会带来的不稳定，也制造了官场的更加黑暗腐败，徐阶推倒严嵩，高拱又推倒徐阶。李春芳被高拱击败，高拱又被张居正轰跑。一个首辅倒台了，往往会牵连一批官员被贬谪，内阁之中爱恶交攻，吐唾辱骂，朝政为之混乱。官衙无视法令，政多纷更，事无统纪，主钱谷的不明出纳，司刑名的不悉法律，管监察的不行纠劾，人们私下纷纷议论："嘉隆以来，纪纲颓坠，法度凌夷。"统治集团的腐败、混乱和失控甚至已远比宋代还

要严峻。海瑞在闲居期间，冷静地对这一时期官场腐败进行检讨，他在《赠喻邃川奖劝序》中说，自己"自出仕至今，往返所到"之地，老百姓对官员的评价都不好，甚至将官吏比作盗寇之辈，这一情况"琼为甚"。而在《赠喻邃川得抚按奖劝序》中，海瑞再次指出作为府州县民的父母官们，"模不模，范不范"，以致海南民众"破家亡身，莫得伸吁"，再次显示海瑞对官场黑暗的痛心，对家乡黎民百姓的热爱之情。当然，海瑞也没有忘记那些为海南社会发展作出贡献的官员，专门撰文为他们歌功颂德，如在《赠大尹吴秋塘政序》中，记载了江西浮梁人吴秋塘在任万州州判期间，"勤事厉精，胥吏无能为弊，行乡约，辨争讼，百凡有为，民则便之，利无不兴，弊无不革"。可见，海瑞对一心为民之官员的由衷钦佩。

万历三年海瑞母亲谢氏以87岁的高龄在家乡去世，海瑞伤心至极，"哀苦昏迷"，但是作为孝子的海瑞居然穷得没有钱安葬母亲。广东按察使兵备副使陈复升给海瑞捐助一些钱财，海瑞才得以为其母买了块墓地，按古礼安葬了母亲，也按照礼俗为母亲服丧，海瑞为官时期的清廉现象于此也可见一斑。在此之前，海瑞的夫人和儿子均相继离开人世，在原籍闲居对海瑞来说是一种痛苦的寂寞。如果有一个美好的家庭生活，也许能排遣寂寞。然而，海瑞没有能得到任何家人的安慰，唯一的母亲也离他而去。按照传统观念，不孝有三，无后为大，这可能使得海瑞更加寂寞孤独。在随后的时间内，海瑞作为一个花甲老人仍带领家仆自己动手解决日常生活问题，生活保持一贯的俭朴作风。

海瑞的家庭生活虽然很寂寞，他的社会活动却是比较多的，因为他做过钦差大臣的应天巡抚，又是声震天下的名人，因此常常被官宦和士绅当作写应酬文章的理想人选。对在琼州府的官员、乡绅们来说，海瑞是一位以正直清廉闻名遐迩的大名人，与其交往或许可以抬高自己的身价，所以他们不断向海瑞索取"赠序"，既可以通过名人为自己歌功

正气凛然

海瑞

颂德，又可以保留海瑞的手迹墨宝。就海瑞自己来说，因为游宦多年，毫无积蓄，家中田产又少，便以写应酬文章的收入，以解生活之不足。在这一时期，他曾分别接受琼州府官员、书生和乡绅们的请托，写了很多应酬性的文章，包括序跋、赠序、赞颂、哀祭、墓志等类，如《赠史方斋升浙藩大参序》《寿南瀛吴公八十一序》《寿顾母何氏八十三序》《赠李太守母七十寿序》《贺屈元礼生子序》《寿王尧山六十一序》《赠丁敬宇父封君寿诞序》和《郭封君寿卷序》 等不下几十篇， 《海瑞集》收录了相当多的"赠序"。海瑞在家居期间所做的另一件有意义的工作是编订了自己的文集。在此以前，他只是在嘉靖年间编了《淳安政事》与《淳安稿》，此外还有些零星的小册子，如任南平教谕时的《教约》、任兴国知县时的《治兴遗文》、任应天巡抚时的《督抚条约》等。万历九年海瑞自费出版了《续备忘集》二卷，主要内容为其任兴国知县以来的奏疏、书信、文稿等。

这些文集，汇集了海瑞70岁以前的主要作品。海瑞不是一个以文学出名的文学家，他的大部分作品能流传至今，应当归功于他自己的搜集、编辑和刻印。海瑞还在自己简陋的家里， "接引后学"，以亲身经历教育指导这些晚辈，以家里正堂上挂着的"忠孝"两个大字，告诫后学们"须立此大根本"。海瑞是忠臣，又是孝子，一生立身处世均是以此为根本。

海瑞自隆庆四年（1570），回到家乡海南，等候朝廷重新起用，结果由于种种原因，这一等就是15年之久。在这15年的漫长等待中，海瑞从

海瑞书法

没有放弃对国家和社会的关注，尽管已经进入了耆老之年，但他准备继续报效国家的决心，却从来没有改变。这一天尽管来得太晚，但毕竟还是来了，他没有让一个老人施展政治抱负的愿望落空，而且只要启动这颗行星，他就注定要在晚明的天空中留下一道耀眼的光芒。

正
气
凛
然

海瑞

第九章

再次入仕　风采依旧

直到万历十三年（1585）正月，已经73岁高龄的海瑞才被授予一个闲职——南京都察院右佥都御史，得到这个圣命之后，海瑞又是马不停蹄地去上任，上任之后依旧不改刚正不阿的性格，依然是一心为民。

古稀之年　再次出仕

　　海瑞何时复出一直是朝廷官员关注的目标之一。早在万历元年（1573）张居正主政朝廷，朝中就有人以海瑞声望"忠贯日月，望重华夷"的评价，向朝廷推荐海瑞复出，吏部却以圣旨"遇有员缺，相应酌量起用"，加以搪塞。以后又有人推荐起用海瑞，吏部再次以圣旨"遇有两京清散员缺推补"，实际上仍是拒绝起用海瑞。这既说明海瑞的清明廉洁在当时虽不乏支持者，也反映其公正廉明仍受到一批人的反对。自此以后，一直到万历十年六月，内阁首辅张居正去世，有关海瑞复出的问题都没有得到解决，这确实反映出张居正和海瑞之间存在着矛盾。张居正死后的同年十二月，反对张居正的人开始发难，张居正家族被满门查抄，家属饿死十多人，凡被认为与张结党的官员，统统被削职。继任者是一向受到张居正垂青的张四维，《明史·张四维》讲，此人出身亚商，家财万贯，倜傥有才，但品行素来不端，可他攀附权势，"岁时馈问居正不绝"，极尽逢迎拍马之能事。一权在握立即转向，起用一批被张罢职的官员。

　　弹劾冯保的李植，就出自他的门下。但是不出一年，张四维父亲去世，只好离职丁忧。在此期间，申时行代理首辅。维本人在居丧将要满期之时突然患病，而且一病不起。行由张居正任首辅时推荐入阁。申时行和张四维不同，他以才干取得张居正的信任，而不是以谄媚见用。在张居正死后，认识到张居正的过错，但并不借此夸大其过失来作为自己执政资本。

正气凛然

海瑞

张居正死了，海瑞才有了出头之日，但新的当权者授用海瑞也是能拖就拖，一直到张居正死后两年，即万历十二年（1584）才决定让海瑞复出，海瑞的复出就是在申时行任首辅期间。据《明神宗实录》记载，万历十二年二月，隶巡按王国上疏，推荐皇帝及时起用一批"表表寰中，清议久重"的官员，其中就包括原应天巡抚海瑞。这一奏疏被发到吏部研究，结果不了了之。三月，兵科给事中王亮又上疏推荐"寰区人望"的海瑞等10人复出，奏疏再次被发往吏部讨论。十二周，广东巡按邓炼再次上疏推荐海瑞等地方人才，终于得到了皇帝的恩准，"得旨，海瑞即起用"。从记载来看，直到万历十二年朝中对海瑞的复出仍是阻力重重，否则不会经过朝臣连续多次的上疏举荐，才得到皇帝的批准，但同时也反映海瑞复出已经是人心所向。尽管皇帝批准了海瑞可以立即起用，然而如何安排海瑞的职务，仍是一个悬而未决的难题。时通政司缺左通政一名职位，廷议的结果是把海瑞、吴时来两人报给皇帝，由皇帝最终定夺，皇帝决定以吴时来为左通政，而海瑞因为原来担任过都御史一职，皇帝命令吏部"查相应职起之"。就是说，皇帝尽管决定起用海瑞，但是并没有及时安排具体工作。

直到万历十三年（1585）正月，已经73岁高龄的海瑞才被授予一个闲职——南京都察院右佥都御史，二月又升海瑞为南京吏部右侍郎。万历十四年，又升为南京都察院右都御史。海瑞对于这次历经磨难后得来的复出机会，欣然表示接受。海瑞后来在给广东巡按邓炼的信中即有说明，"以今正旬末邸报二公荐章之旨，二报通政，三报部请不允，四又报南院"。《明史·海瑞传》对此也有记载说："帝屡欲召用瑞，执政阴沮之。"南京是海瑞比较熟悉的地方，也是他曾经施展过政治才华的地方。南京自明成祖迁都北京后，仍保留着一套完整的中央机构，安排一些政治上失势的高级官员，大多属于养老修养之人，不能决定国家大事，但这些官员都曾显赫一时，在南京这个江南繁华的都市往往无所约束、随心所欲地享受生活。从某种意义上讲，海瑞出任南京吏部右侍郎，其实是一位管理官员的负责人。海瑞复起，众人多举手加额，亦有劝其辞退者。海瑞思虑再三，最后在"主上有特达之知，臣子不可无特达之报"的忠君报国思想的驱使下"欣然离家"北上，结束了整整16年的闲居生活。

　　海瑞大约在万历十三年二月，接到朝廷下发的前往南京工作的任命通知书。手捧圣旨，百感交集，他已经意识到这是自己人生旅程的最后一站，他不愿意放弃最后一次施展其政治抱负的机会。他立即收拾行装，带着仆人于二月二十八日束装离家北上，农历二月三十日渡海，经过化州、电白，三月末到达广东北部的南雄，自己和随行人员都感染了"暑病"。经过江西赣州稍作休整，赣州巡抚贾春容专门给年事已高的海瑞配备一艘大船，海瑞称之为"船屋"。这种船"廓而且安，与家居无异。一家人郁热之苦忽尔之如脱。且自湖口起，二日直抵南都，舟子以为风迅之极，数年来未有"。五月初四日晚上抵达南京上新河，由于长途跋涉的劳累，海瑞患了严重的"感冒，兼之两足发疮"，疼痛难忍，需暂时休整，"未能即便上任"。海瑞从琼州来到南京一无所有，连上任的官服也要人资助，"冒暑得病，兼诸色上任衣冠无有也，方急图制之"，可见其生活的节俭，直到五月十二日海瑞才正式进入官署办公。海瑞历经两个月行程抵达南京途中也洁身自好，始终保持着清廉形象，"夫马柴米系是自处"。

　　关于这一点，从海瑞在上任前后和一些官员的通信中能够得到证明。海瑞在从海南出发之前就给两广总督吴文华写信，信中对那些推荐他复出的官员表示感谢，表达自己报效国家的意愿，"人情世态，瑞无用世之念久矣。借誉诸公，得见之于主上，似亦若有天然之幸"，表示要"大有所为满吾愿"。又在给广东巡按汪渠瀛的信中对皇帝起用感激不尽，"主恩三四殁矣，如田之高，并地之厚"。汪渠瀛还专门派人到

正气凛然

海瑞

海南迎接海瑞，海瑞对此除了表示感谢外，还担心驿站人员给自己搞特殊化，表示不能接受。海瑞对沿路通过的驿站，要求各县负责接待自己的人员务必严格按标准执行，绝对不搞特殊化。到达南京城外，他给礼部右侍郎海南人王忠铭写信，讨论天下形势及自己的抱负问题，"今日之盛，尽天下称赋差繁苦，官吏残贪"，海瑞对改变这一"习弊"已感到没有多大把握，"未知能如吾愿与否？"到达南京上任后，他又立即给王忠铭去信，说明自己远离官场太久，恳请王能指导自己，以便尽快进入角色，"山林之久，公家典故，又多遗忘，日夕以公必我一一不惮指示为慰"。到达南京上任之后，又给内阁大臣王锡爵写信说："瑞无用世之念久矣。一旦误蒙主知，十六年山林，变而感发。念主上改而励精，千载一时之会也。"认为皇帝赏识自己是一次大恩大德，而且皇帝也励精图治，正是自己复出干一番事业的千载难逢的好机会。在给广东巡按邓炼的信中也说："又思有君如此，即千载一时，而忍负之乎？"海瑞在上任前后与一些官员之间通信的主要意思，就是自己既然受到皇帝的赏识而得以复出，即使自己已进入人生的暮年，也要上报朝廷知遇之恩，知恩图报是做臣子的本分。但是透过这些信件中的话语，我们也可以窥见海瑞在被起用后的复杂心情，诚如他自己所言，毕竟已是年高之老人，而且离开官场16年之久，避居于孤岛海南的山中，对国家与社会发展的状况多少已有些隔膜，所以他对自己复出后，能否真的有所作为，能否真的报答皇帝的知遇之恩，已经感觉到难以预料，而这一切又恰是海瑞一生追求求真务实工作作风的反映。

因为海瑞接到委任时已经是个高龄老人了，不少人劝他别再外出折腾了，海瑞对改变时局的热情也已大为降低。当年冒死直谏时，他还认为，朝政的革新只是有赖于皇上的"一振作而已"。现在，他离开家乡时，却流露了完全相反的另一种情感，在给朋友的信中他写道："汉魏桓谓宫女千数，其可损乎？厩马万匹，其可减乎？"借古喻今，显然他对万历皇帝好女色、爱骑射相当不满，对皇帝改过自新更不抱希望。但是，"主上有特达之知，臣子不可无特达之报，区区虚袭，奚取焉。"作为一个信守圣贤之道的典型，他不可能对皇帝的委任表示丝毫的犹豫，于是不假思索地走马上任。

海瑞重新出山在南京引起轰动，老百姓奔走相告，拍手称快。知道海瑞要去坐堂办公，无数百姓蜂拥而至，上至白发苍苍的老者，下至乳臭未干的孩童，都挤到车前轿后争相观看，竟把道路都堵塞了。看到海瑞的身体健康，大家感到莫大的安慰，纷纷转告说"海都堂尚未老也"。附近农村的农民更为激动，不少人带着干粮出门，步行几天赶到大道边，只是为了能在路上见一眼海都堂，其情更甚于拜见自己的父母。

一度海瑞回家竟不能关门，只好端坐在堂前，接待来来往往的百姓，问之何事，均笑曰，没事，只是为了看一眼。

明朝是公元1368年由朱元璋正式建立的，当时定都于南京。后来，朱棣继承皇位，带兵平息了外族的骚扰，平定了北方，于是将首都改定为北京，而南京则保留为陪都。一是为了承认其曾为首都的地位，二是为防意外。一旦北京受侵，可立即启用南京以保证国家正常运行。因此，南京的政府机构同北京完全一样。但是，除了正德皇帝一度在此驻足外，这里从来没有举行过全国性大典，因此，这里的中央机构并没有实际运行，只是虚设。说穿了，所谓陪都，其实只是个官员俱乐部，朝廷经常将某些遗老遗少安排到这里以示安慰，这里的多数官员也心安理得地吃闲饭。海瑞所得官职高达二品，位于各御史之首，但实际上与其他御史也没有实质性不同，大家的俸禄相同，待遇无异，更重要的，是大家都是吃白饭不干事的闲官。当时的京城多数官员，根本不知道南京右都御史姓字名谁，可想当时这些官员的地位是无足轻重的。海瑞却与众不同，他最不能忍受的是拿了国家的俸禄却不干活。到南京后，他立

正气凛然

海瑞

即给上司写信说："主上立志励精图治，这是天下人的共同愿望，我愿意以自己的菲薄之力，协助大人共同辅佐皇上，维护太平盛世。"他跃跃欲试，打算再干上一番事业。

重振民风　施展抱负

一个时期以来，江南民众中滋事斗狠现象较为严重，由此得了个不太好的名声——"刁民"，海瑞说："江南刁风盛行，事诚可恶。第究所以，皆因上失其道使之。"民风不好，根在官员。一些官员根本不把民众的疾苦放在心上，把百姓当成阿斗来哄，民间大量纠纷事件无人受理，理由是没有接到诉状。可是，一般百姓根本不识字，不懂得打官司的基本程序。出了问题找不到人解决，只好靠自己的力量解决，于是，斗殴不断。要解决这个问题，官员的作风要改变，诉讼程序要方便百姓，要使普通百姓有条件打官司。于是，海瑞规定，今后口头告状照样受理："今后凡诉讼，口告者登口告印簿，状告者登状告印簿。事当量情者不供，止于状后批其情节存案簿前件下，亲注量情发落字。事当招罪者于状后备细情节名，付吏誊簿前件下注招罪字，不为苛刻，不行。但案卷不遗，心迹明白，即贤有司也。果有化民成俗之方，本院决不责其纸多寡之数。其有登簿不一状不存，一案毁灭，纸赎虽多，刻而且贪人也。虽已离任，必行追究。"

民风不正的另一个重要原因，是有的官员接到百姓的诉状，却不认真审理，处理亦没有法度，有些人利用诉讼胡搅蛮缠，一些犯了罪的人通过熟人、同事等各种关系为自己开脱，逃避法律的制裁。

海瑞要求："今后各官凡听讼必须直究到底。审之审之，始不怕烦；慎之慎之，终无姑息。子云：'夫人必痛之而后畏，然后君长刑政生焉。'处罚、惩治又不使之感到痛，或者痛却不能使之感到畏惧，则是司法人员的过错。"

由于口头诉讼不受理，生成了一些靠替人撰写讼状生活的人，这些中间人乘机将水搅浑，以反复写诉状发财。他们把一些简单的事情搞得十分复杂，唆使一些人将可以通过调解化解的矛盾激化，诉之以官司，使民风更加败坏，"健讼之盛，其根在唆讼之人，然亦起于口告不行，是以唆讼得利"。因此，直接接受普通百姓的口头诉讼，是解决扭转这一混乱的关键，"今后须设口告簿，凡不能亲自书写的人准许其以口陈述，不必非等其写成状诉后才受理。碰到有纠缠不休的人，或者自己亲自密访，或者令里老调查，一旦查实是胡闹，则执律加刑，不给宽恕。"海瑞说，口头诉讼是十分容易做到的事，有了这样的便利条件，那些诉讼中间人就活不下去了。如果我们进一步做到了直究到底，是是非非，都不能隐遁，"清水镜，刑无所逃也。秋霜夏日，气不可狎也"。如此，违法乱纪的人就会减少许多。

纠正民风，要从根本抓起，海瑞一贯认为办教育是纠正民风的最重要措施。他对教官十分尊重，到学校巡视，他命令府官坐于明伦堂左，县官学官坐于明伦堂右。在讲学时，他要求教官只讲孔孟，多次让教官讲孟子"其为气也，至大至刚，以直养而无害，则塞于天地之间。其为卸也配义兴道，无是馁也"两节，充分反映了他对学子的殷切期望。

海瑞绝不容忍教官失道偏义的行为，他指出："府县官侵用里甲及纸赎一分一文，皆是赃犯。儒学拜见节礼，独非赃耶？志士不记在沟壑，为非义也。教官俸禄诚薄，用度撙节，足养廉，未至于志士所自弃也。学校礼义相先，反惟利是计，以此介士，何能正士。师道立则善人多，善人多则朝廷正而天下治矣。即此一端，关系不小，全行禁革，府县季考、学月考及三等簿，本院巡历，严加查考。缺一于

此，坐以不职。"

海瑞对维持农耕社会有特殊的热情，他认为，只要农民能够安心务农，就可以避免许多是非。他猛烈抨击一些人看不起农民，他认为，不能因为农民不善言辞，不会对上拍马奉迎就鄙视农民，不能因为农民太普通、太一般就不去关心他们。过去，政府还常常为农民提供耕牛和种子，尽量满足农民的各种需求，现在这样的风气没有了。海瑞指出，社会要实现长治久安目标，必须高度重视农民。他说："佃人之田，有田人胜得而贱之，又必知两汉力田孝悌并科之意。隆礼相爱，惟上意向，惟民趋之，一归本业，必返真纯，济一方于黄虞熙皓之世指日矣。舍此而言政事，本院不知其所以为政事也。"从社会稳定的角度考虑农民问题，因此他会有一些新的见解。

海瑞认为，一些奢侈品的制造，也是民风败坏的原因之一。南直隶的生产力比较发达，民间较高档商品的生产比较常见。海瑞将此一并禁革，此举今天看来有些愚蠢，但海瑞的思想就是如此，做出此种决定也并不奇怪。

海瑞还要求各家庭的家长、各村庄的里老管负起责任，他们的责任应该包括禁止溺死女婴，调解父子争端！这方面出了问题，要拿家长里老是问。孩子长大了还不结婚，寡妇守寡很久还不改嫁，并由此发生卖奸之事，则夫妇之道丧矣，这些都应该由地方官员负责。要规定明确时限，男子到一定年龄必须娶妻，寡妇守寡也不能过长。民众的性情是经常会变的，如果我们注意教育，加强管理，不给他们以机会变坏，人就可以变得更加规矩。之所以会出现世风败坏的局面，不是没有办法改变民风，而是一些庸人当政，只当官而不干事。如果每日诵念孔孟之言，遵循古已有之的办法治政，任何事都是办得到的，"事立而天下治矣"。"簿书狱讼，功在一人。化民易俗，知府为之，功在一府。知县为之，功在一县。万古不可易也"。不同岗位的人负有不同的责任，可

以发挥不同的作用。海瑞相信，只要各个岗位的人都尽职尽责，一定能够重振民风。

海瑞不停顿地整顿各方事务，利用所制定的条例和规定，大力扭转官府中的陈腐之气。他将所制定的《督抚条约》提到很高的地位，一再要求所有官员严格执行："本院所行条约计三十五款，非本院突为一说也。祖宗成法，今条举之，以上利国，以下便民。"

"文到之日，各官当日严惕历之心，痛洗颓惰之习。官日加悉阅各房科，吏日以本等事请。官糊涂吏提撕之，吏隐蔽官鞭策之。并一应本院行事，敢有一事一字不遵，一时一刻迟误者，本院决不轻贷。非本院故自苛责也。立立道行于前，乃可必世面仁于后。令行禁止，不可谓非大圣人作用也。诸葛孔明以严治蜀，本院于江南亦云。各官毋自贻悔。"

退田，使一大批占有大量土地的地主官吏利益受损。严格执法，又堵住了不少官员多吃多占的路子。他们的好日子没有了，他们感到不那么舒服了，于是开始有所反应，开始是局部的，所提的奏疏也得不到皇帝的批复，但后来形势逐渐变了。虽然海瑞还在持续不断地向大地主、大官僚们进攻，力图毕其功于一役，但是他遇到的阻力越来越大。向朝廷告状的人越来越多，一些官吏抓住海瑞工作中的一些缺点和不足，采用造谣中伤、无限夸大等手法，多次向皇帝告状，说海瑞工作没有能力，只会抓一些鸡毛蒜皮的小事，不识大体，作风粗暴，众人不满，等等。其中影响最大的，是戴凤翔的参劾。

戴凤翔的官职是吏部的吏科"给事中"，职位并不很高，但在吏部供职，文采不错，又熟悉专管整理参劾并向皇帝汇报的官员，因此，他所提交的疏折，能够方便地递交给皇帝。又由于他见到的奏疏比较多，知道皇帝重视什么样的奏疏。徐阶一家看中了戴的这一优势，先后向他行贿达"千金"，终于说动戴写下参劾海瑞的疏折。

戴凤翔在奏疏中，历数了海瑞的种种罪状，说海瑞滥受诉讼，无节制地受理民事案件，仅凭自己的主观判断就下结论，致使刁民猖獗。将海瑞扼制贫富过度差距说成是随意侵占农民的田地，使许多农民不敢收回租子，其势如"挖壮民的肉去喂饿急了的老虎"，等等。

海瑞向皇帝提出的抗疏，阐明了自己在到任以后面临的形势，说明所采取一系列措施的背景，为自己进行辩解。海瑞说到，本官到任后，朝廷接到的本官上递的准状（即要求批准对有关官员进行处理的请示）比前任为多，这是实情。因为所处理的问题多涉及乡、县乃至州一级的官员，为了"通民隐、抑强横"，故不得不连续请示汇报。海瑞说："我到任才几个月，接到的有关'乡官夺产'的诉讼竟有几万件。在调查中，州、县及生员都说这是近20年问题的总爆发。退田还民，是顺应民心的大好事，受到了广大民众的欢迎。凤翔把今天的民说成是'虎'，把乡官说成是'肉'，却没有说明这'肉'本来就是民身上的。况且，我们今天还给农民的'肉'，不足于被挖走的一成！"戴凤翔在奏疏中说海瑞"勾结倭寇，攻陷城池、誓血为盟，劫库斩关，行李不通，烟火断绝"，海瑞对此不屑一顾，说这样大的事，几乎不用花力气就可以搞清楚。若倭寇进攻，皇帝早就从其他渠道得到信息了，不可能发生倭寇已经进入而朝廷还不知道的事，所以，这样的谣言不攻自破。海瑞指出："今年遇到水灾，富家却'照例取租'。我多次提议应该减租，甚至禁止收租，虽大家都说提得好，却始终没有看见有禁止收租的命令。"海瑞还说："与戴凤翔争论的事小，不能为朝廷尽到自己的责任则是大事。因此，本官根据皇上的授权而行使有关职权，根本没有什么错误。只要得到必要支持，我可以在几个月内使局面彻底改观。现在，赋役未平，军兵未壮，而'禁诬告而刁讼未息，禁浮靡而奢侈如初'。"海瑞坚决地说："微臣负国，凤翔欺君，两不宽贷。"要求皇帝将他本人和戴凤翔一并处理革职，以正视听。其铮铮汉子的形象，呼之欲出。

海瑞终于没有躲过四面八方射来的乱箭，最后，还是被皇帝安排退休，结束了16年的官宦生涯，回到老家休养。事后，徐阶的儿子对别人说："不肖兄弟合千金贿给事中去之，为松人（淞江一带的人）安堵。"他们认为，花笔大钱，搬掉了一块堵在他们心头的大石头，非常值得。

不过，徐阶最终没有逃出历史的惩罚。他儿子行贿的事情后来终于败露，立即在全国引起大哗，徐阶家的土地全部被没收，大儿子被充军边疆，另两个儿子被降为庶民。如果不是首辅张居正帮忙，徐阶的命可能都保不住了，这可算是恶有恶报了。

执法唯重　禁革应票

海瑞对世间的种种流弊已经有相当的了解。他认为，要禁绝不正之风，唯一的办法，是恢复祖宗的重典。朱元璋在立国之初，为了迅速地恢复秩序，采取了一系列措施，其中重要的一条，是重典镇邪。洪武十八年（1585），朱元璋下诏，将各地被查实的贪官污吏尽数押到京城，组成筑城队，罚这些贪官服苦役。朱元璋告示天下，凡发现官吏或贪或怠，一般老百姓均可直接到京师告状。发现违法乱纪的官员，即处以笞刑。

据记载，仅凤阳一县，当时被处以笞刑的就达万人之众。贪污白银达60两以上者要枭首示众，剥皮囊草。当时的府州县尉的左边，专门立了一庙，为剥皮之场，取名为剥皮庙，每次行刑，都直接以罪犯之血祭祀土地。各个官府的公座两旁，都悬挂着一只用于剥皮囊草的口袋，触目惊心。一时间，各地官员无不谨慎律己，吏风大振。

正气凛然

海瑞

海瑞极力主张恢复祖制重典。他向皇帝递交了一个条陈，极陈恢复祖制的必要，认为世风已坏，不用极端手段无法纠正。他希望皇帝能从国家长治久安的角度考虑问题，更多地体谅一般百姓的苦难。他说："愿皇上以茅茨土阶之心，居九重金阙；持智者行所无事之术御一日万几。见尧舜毋见天子。"意真语切，近乎憨直。为了国家的兴盛，海瑞简直是豁出去了。

效果是明显的，皇帝看来是受到了感动，在以后的日子里，对海瑞的一切举动都取支持和容忍态度，至少，他没有再约束海瑞的行为。一个叫梅昆的人站出来反对海瑞，向皇帝参了他一本。梅昆的官职比海瑞要低，在当时，下级监察官参奏上级官员，虽不算违反法制，却总是有悖常情的，这从一个侧面说明当时的反对者对海瑞是多么讨厌和害怕。但皇帝不仅没有怪罪海瑞，反决定革去梅昆的俸禄，这对海瑞是莫大的鼓舞。海瑞在最后的日子里，多少能干成一点事情，和这一点是直接相关的。

有了支持，海瑞更大胆了。他禁革一切不必要的礼节，提倡公事往来一律从简，达官显贵过往不搞迎送，精简各项开支，减轻百姓负担。他对一些官员的奢华作风极为不满。一个御史请了一班戏子到家中唱戏，被海瑞知道了，将诸御史集中到大堂之中，宣称该御史的行为违反祖制，决定实行杖责。诸位御史得知大惊失色，一齐为之求情，海瑞却不为所动。

其实，这类事情在南京早已司空见惯，一般人绝不会理会这样一件"小事"。海瑞却认为，既要恢复祖制，就应该从日常生活的一点一滴做起。抓住这样一个典型，当然不能放松。海瑞不留情面地执行律法，当下百官无不为之震动。

南京是陪都，政府给的俸禄只是象征性的，各府官员的收入不太丰厚，当然，公务也相当清闲，一些官员于是殚精竭虑地设法捞取额外收入。最常见的办法就是利用职权，以接待来宾或临时公务的理由，对附近的商贩进行勒索。形式十分简单，就是到商店随意拿取商品，其后并不付钱，而是给商店一张"应票"，以为凭证，说是以后归还。但这"应票"实际上不起任何作用，店家持票却拿不到钱，苦不堪言。

海瑞到南京后不久，就收到一个叫陆武的店主的告状。陆武一下子拿出六张"应票"，让海瑞做主补偿成本。紧接着，又收到了西营、崇礼、长安三条街道的店主们送来的300多张"应票"，其中，属兵马司的89张，属各衙门的220张。海瑞了解到，这些"应票"仅仅是店主们手中的很少一部分，过去有大批"应票"曾送回衙门，原以为能追加有关款项，但没想到都是有去无还。

海瑞说，衙门官员这样的行为，无异于"狼之贪、虎之猛"，像这样以五城百姓的膏血满足千百官员的贪婪，百姓如何还有活路。一些官员为自己辩解，说实在是因为经费不足才取此下策。海瑞驳斥说，各级各类机构的开支都有明确项目和标准，却没有任何一条律令说可以向百姓搜刮。这样刮取钱财，实际上是借着为"公"的名义中饱私囊。一针见血，切中要害。海瑞发布告示，一概取消"应票"，明确指出，朝廷曾颁文，明确规定各级各类官员的俸禄标准，所有官员的俸禄都只能照章领取。今后各衙门各官员，一律不许使用"应票"，这次收到的"应票"，所有官员立即照单付银。海瑞警告各官员，如果不能按期付银，则在各位的俸禄中扣还。告示一出，各官员无不老老实实地将欠款归还。南京百姓松了一大口气。

海瑞在南京一个号令接一个号令，矛头所向，集中在百姓最为痛恨的现象。海瑞的文采好，所写号令寥寥数语，既切中时弊，又朗朗上口，百姓常常将这些号令遍涂于大街小巷，于是很快在群众中流传开来。

这从一个侧面也帮助了海瑞的执法。海瑞告示民众，凡有不平者，发现为官不正的，均可以直接到南京府来告状。对欺压百姓、鱼肉人民的丑恶现象，海瑞都坚决地予以打击。

很快，清廉之风盛行。南京市内的各级官员，从地方的最高长官到最普通的丞郎，无不谨小慎微，奉公守法。以"应票"到商店换取物品的现象消失了，再没有人敢在私宅中举行豪华宴会、置台唱戏了，南京附近的雨花、牛首、燕子矶等游览胜地的公费旅游现象也一扫而空。有意思的是，这时的百姓并不知道海瑞的官衔是右都御史，更不知道这个职务只是一个闲职，只知道海都堂、海巡抚又回来了。海瑞的年岁已经大了，他平时能够处理的公务已经很有限，但只要他还在南京坐镇，就能产生极大的震撼力，人们评论说，这叫"不怒而民威于斧钺"。有一个民间传说更有意思，说一个木妖在京城御花园作祟，人们请出多位名臣，这个木妖都无动于衷。有人大喝一声，"海瑞来了"，这个木妖当即趴下不动。这虽是个荒诞故事，却也说明了海瑞在百姓心目中的地位。

海瑞的存在妨碍了一些官员的生活，斩断了他们的发财之路，因此，反对他的人一直没有停止活动。继梅昆之后，又有多人对海瑞参劾，影响最大的，要算房寰的参劾。这房寰是德清人氏，当时任南直隶提学御史，凌士纳贿，恣睢狼藉，在百姓心目中是一个典型的以权谋私的坏官。当地百姓模拟《阿房宫赋》给他作了一个《倭房公赋》，将他受贿欺民的形象刻画得入木三分。房寰看见海瑞雷厉风行地整肃不正之风，感到自己的地位和利益受到威胁，于是先下手为强，到皇帝那里告状。一状不准，又奏第二本，房寰不管不顾，对海瑞大肆进行人身攻击，套上好几顶大帽子，什么大奸极诈、欺世盗名、诬圣自贤、损君辱国等等，极尽诋毁诬陷之能事。房寰的无耻，激怒了众多正直的官员和百姓，顾允成、彭遵古、诸寿贤三位进士联名上疏，义正词严地对房寰进行反驳。

三进士在他们的疏折中说："我们十多岁的时候就听说过海瑞的英名，一致认为海瑞是当代的伟人，其光辉事迹将流芳百世。海瑞品格之高，有如天上之人，可望而不可即。我们懂事后，又听说海瑞写了'天下直言第一疏'，更认识到海瑞功在千秋，这些陛下都是知道得很清楚的。房寰贪污狼藉，中饱私囊，吞噬了百万资产，人们说起他，都像遇到恶臭污秽一般，无不掩鼻唾弃。房寰在海瑞的高风亮节面前，更显得鄙琐而无地自容。现在房寰竟敢反咬一口，真是冒天下之大不韪。天下之大，要找到房寰这样的人是很容易的，要出现海瑞这样的人却是难上加难。房寰独享贪饕之利，却反攻海瑞过于迂拙，竟然有人还相信房寰的话，我们真为之痛心疾首。海瑞就任南直隶巡抚期间，所到之处如烈日秋霜，搏击豪强则权势敛迹，禁绝侵渔则民困立苏，兴水利，议条鞭，一切善政，至今黄童白叟皆啧啧称道。近日沿海一带都在说海都堂又回来了，大家奔走相告，喜上眉梢，可见海瑞深得民众的欢迎。"

三进士逐条驳斥了房寰的疏折，列举了他的六大欺君之罪，认为，房寰对于海瑞的所有攻击，均为"莫须有"，完全是颠倒是非，混淆黑白，他们说："房寰说海瑞将自己的旧靴子送到外地去修补，这本是说明海瑞的简朴，没有什么可讥讽的，房寰有什么理由反来耻笑一通。说海瑞奏疏恢复祖制重典，这事皇上已经知道，海瑞的用心在于国家，更没有什么可说三道四的。陛下一再重用海瑞，说明是想树立一代正气，重振世风。而房寰四处扬言说，如果他所管辖的学校中有海瑞这样的人，他必在学校公开侮辱之，使之在学校待不下去。皇上喜欢的正是房寰所不能容的，其妒贤嫉能的无耻暴露无遗。惟陛下幸察。"

三进士的上疏没有立即奏效，他们受到了不公正的待遇，房寰的同党对他们进行打击报复，将他们贬出京师。但是，房寰最终没有逃出历史的惩罚，他的两个朋友受贿事被揭发，他被牵连出来，于是过去的各

正气凛然

海瑞

项罪行陆续暴露，先是被调出京城，后又被罢官，落得个遗臭万年的下场。三进士则被重新起用，成为国家的栋梁之材。

后人黄秉石对这一段公案有一段评论："人们都说忠奸难辨，其实忠奸是很容易辨认的。读海忠介的疏折，无隐语，无曲句，所指皆关系天下兴亡的大事，其极思深愤，洞乎有余，海瑞说的，都是世人心中明白却不敢说出来的。因此，他的言语足以发明主之悟，而震天下人之心，此乃真君子之言也。那些小人要攻击海瑞，因为没有什么好说的，只好采取迂回曲折的词语，人们读都读不懂！攻击海瑞将乡民奉为上宾，为遵孔孟之道而不与他人交际，这些都是小孩子都明白的道理，简直不屑一驳……"照黄秉石看来，由于心胸气节的不同，仅从海瑞和房寰所写奏疏的文风就可以辨出忠奸。正人君子写出的文章坦荡浩然，卑鄙小人的文章则鄙琐狭隘。

争论得太激烈了，于是万历皇帝亲自出来作结论："海瑞屡经荐举，帮特旨简用。近日条陈重刑之说有乘政体，且指切朕躬，词多迂憨，朕已优容。"皇帝都没有计较海瑞的憨直，没有怪罪海瑞的鲁莽，其他人还有什么好说的。于是，海瑞依旧做他的官。

得罪权贵　再遭阻力

海瑞到达南京上任后，并没有因为居职清闲就无所作为，更没有利用职权大肆敛财。他依然沿袭自己过去为官时的一贯风格，一心报效朝廷，为老百姓做实事。他按照往常惯例，强调规章制度先行的重要性，以期形成有法可依、执法必严的社会氛围。这次也不例外，他上任南京吏部右侍郎伊始，吏部事务的决定本来应该是"尚书主，侍郎辅"，

但由于朝廷任命的吏部尚书丘橓"日久不至"，海瑞成为实际的吏部尚书，他本着"居一日官尽一日职"的思想，留心吏治、尽力为民。在吏部工作不到一年，又升为都察院右都御史。在前后不满三年的任职期间，海瑞仍以当年为官的作风，洞察时弊，放了三把"大火"。

首先是抓住掌管城市坊巷治安事务的五城兵马司扰民问题，颁布《禁革积弊告示》，严禁侵用里甲，摊派物品，勒索钱银。海瑞针对"天下之人不见官人之利，特见官人之扰"的现象，早就深恶痛绝。他指出兵马司官虽小，但却具有"狼之贪，虎之猛"的本性，"以小民膏血逢迎合于上官"。海瑞要求执法者凡事都要按照明初的法律规定去办事，明确规定除了原先规定必须供应之外，一分一文也不许多取，否则严惩不贷。海瑞鼓励老百姓遇到不平之事，可以拦街、叫门等方式立即上告，"各街人如若仍前被害，可自放胆来告，做百姓不可做刁顽不听法度的百姓，亦不可做软弱是听人打、听人杀而不言的百姓"。告示还规定禁止官吏向上司送礼，如果上司勒索刁难属下送礼，执事官可以登堂上诉。当时官场流行遇到新上司上任，各衙门都会赠送礼物，美其名曰"交际"。海瑞认为在朝做官和在家不一样，严禁各衙门向新任官员送礼，"彼酬此答，殊是虚繁"，明确规定全部禁革。

其次是南京一带的火甲组织（近似今天城市的联防队），"专为地方防守"，本来并没有杂差，明中叶以后，南京大小官员却对火甲摊派各种劳务和费用，"滥取夫役"，侵犯百姓利益，以致"地方之人不堪而诉"。海瑞说："民困火甲，所从来远"，时禁时废，百姓苦之。此时，海瑞的职位又改为南京都察院右都御史，"上考法度，下酌人情"，特制定《夫差册》，详细规定各衙门使用夫差人数及具体职责，对火甲组织中合理的部分加以保存，扰民的一律革除。《夫差册》经过朝廷批准很快就颁发到各个衙门，要求必须按照规定办

正气凛然

海瑞

事，"有册外取一物一夫者，先执其将票之人，参奏候旨。兵马司暗地奉行，地方总甲私为科派，一同处治"。部院科道官亦要互相监督纠正，不得官官相护。

再次是向贪官污吏开刀。海瑞此次出山，官场腐败比以前有过之而无不及，"金陵贪残满载，论劾不止者"，之所以如此是因为处罚贪官污吏的刑罚太轻。他主张治贪是当务之急，要治贪必须用重典，要严刑峻法，强调恢复明太祖时的"重典峻法"。明朝人梁云龙在《海忠介公行状》中说，万历十四年（1586）海瑞向朝廷上《一日治安要机》奏疏，提出了爆炸性的惩贪建议，"非重刑决不能惩"。主张恢复明太祖时"枉法赃八十贯绞律"和"剥皮囊草"等重刑，严惩贪官污吏。明朝人王弘诲在《海忠介公传》中也说，海瑞上疏陈述治安要务，"今日贪墨为奸，毫不可纵。欲使百姓安乐，其于守令务极选，欲督守令先司道，督司道先抚按，而致望部阁大臣，乃归本于君身"。言下之意是现在的官员都有点不干净，所以官员选拔从上到下务必认真，且要相互监督。《明史·海瑞传》也记载，海瑞规劝皇帝说：陛下励精图治，但对贪官的刑罚太轻，吏治反而更加败坏。一些大臣还在强调"待士以礼"，试图感化官吏能自行廉直，这不过是文过饰非罢了。再这样"待士以礼"下去，老百姓还要遭受什么样的苦啊？海瑞接着就"举太祖法剥皮囊草，及洪武三十年（1397）定律枉法八十贯论绞，谓今当用此惩贪"，要求"行国初之法"，严惩贪官污吏。所谓的剥皮囊草是指朱元璋时期将贪官的皮剥下来制成草人放在公堂上警告继任官员。如何才能让文武百官遵纪守法，海瑞认为代天子巡察各地的御史最为重要，"欲正百官，必自御史始"。

海瑞新官上任后的三把火，"于民事尤关切"，老百姓从中得到了实惠，争相传送海瑞施政的革新举措，每下一令，"南都人途传巷诵，一时遍在人口也"。更有人以海瑞事迹为原型来创作小说，在百姓之中传播，"时都下人编公事为小说，咏唱通衢"。与此同时，所有的官吏一时也受到震慑，"无不凛凛奉法"，既不敢在家里"剧饮为大宴乐"，也不敢动用公家的车马外出旅游，"官舫游屐顿绝"，就连以往不可一世的豪强大户也"皆屏息莫敢出"。

然而，海瑞新政举措在广泛赢得百姓好评的同时，却更加引起百官的忌恨，也再次将自己推到了各级官员的对立面。尤其是提出重法惩贪的话语，立刻引起朝野大哗，反对者认为不符合当今皇帝提倡的"仁政"。拥护者却极力保卫海瑞，于是海瑞再次成为新闻人物，成为朝廷和社会上大辩论的焦点人物。由于明代官员的薪水都比较低微，一般官员可能都会有些灰色收入。如果真的实行凡贪污八十贯以上就绞杀的法律，则很多官员恐怕都保不住脑袋了，"百司喘恐，多患苦之"。《明史·海瑞传》说，海瑞有关时政革新，力主恢复明初祖制，虽大多切中时弊，"独劝帝虐刑，时议以为非"。也就是说，海瑞主张恢复明初重刑惩贪在当时已经被看作是"虐刑"。朱元璋主持制定的《大明律》乃是国家大法，经过了100多年后居然被认为是"虐刑"，而时议以为不对，说明明中叶以后世道已经发生了很大的变化。因此，那些被激怒的御史群起而攻击海瑞，万历十四年（1586）三月，山东道监察御史梅鹍祚上疏弹劾海瑞说："南京吏部侍郎海瑞言今日刑轻，而侈谈高皇帝剥皮囊草之法者，以清平之世，创闻此不祥之语，岂引君当道志于仁者哉。"万历皇帝对海瑞的做法也表示出不满情绪，批评海瑞上奏启用重刑之说，不符合社会发展的潮流，"颇不协于公论"，而且"有乖政体，且指切朕躬词多迂戆"。不过，吏部和皇帝都承认海瑞所做的一切是出于对王朝的忠诚，而且海瑞是被屡屡推荐且"海内人士"推重之人，皇帝也不得不另眼相看，"朕已优容"，但同时也指出海瑞刚正，难以胜任实际工作，"虽当局任事恐非所长"，但以海瑞的名望，可以用之"以镇雅俗、励颓风，未为无补"，命令海瑞"照旧供职"，这至

少也反映万历承认了当时官场的黑暗以及海瑞在官民心目中仍有很大的影响。于是万历反而批评"梅鹍祚如何轻率渎奏"，罚了梅鹍祚二月的薪水。

不仅如此，万历十四年初，皇帝还提升海瑞为南京都察院右都御史，位居二品官。然而，这并没有能阻止一些官员决心弹劾海瑞的行动。四月，海瑞的一个部下南直隶提学御史房寰破例参劾了自己的顶头上司。房寰在当时以"凌士纳贿""贪污狼藉"而闻名，他因为害怕海瑞查到自己头上，在给事中钟宇淳的一再怂恿下，采取"先发制人"的伎俩，疏劾海瑞上任之后"无一善状"，谩骂海瑞是"大奸极诈，欺世盗名，诬圣自贤，损君辱国"，指责海瑞主张恢复国初重典惩贪，"启皇上好杀之心"，试图挑拨皇帝对海瑞的憎恨。有鉴于此，自幼就崇拜海瑞的吏部三个新进士顾允成、诸寿贤和彭遵古联名上疏，为海瑞辩诬，认为海瑞是"当朝伟人，万代瞻仰"，指斥房寰"恣睢狼藉"，已被吴人"视同臭秽"，给他起绰号"倭房公"，并作《倭房公赋》讥讽他的伪君子形象，揭露房寰欺君罔上的六大罪行。

万历皇帝对待这次的争论采取了折中的处理办法，一方面斥责房寰所论不当，"上责其渎扰争胜"。另一方面又严责顾允成等三进士尚未授官便出位言事，"好生轻肆！姑各革去冠带，退回原籍"。同时下旨给海瑞，让他不要再和房寰等人辩论下去，"安心供职，是非自有会论，不必多辩"。皇帝的诏令往往由给事中六科衙门抄发公布，由各地的《邸报》传遍天下，海瑞还能有什么作为呢？连皇帝都说他"迂懑"，说他"任事恐非所长"，而他的"照旧供职"，也仅仅起个"镇雅俗、励颓风"的作用，他还有什么理由再干下去？海瑞感觉已无法把官继续当下去了，在失望之中提出了辞职，但是没有得到当时的皇帝的同意。

为民着想　七次上疏

　　海瑞在南京任内的改革及其上疏，因为再次触动官僚阶层的利益，又一次受到守旧和既得利益者的反对，并由此引发了朝臣之间的大辩论。在这场辩论中，万历皇帝以和事佬的面目进行调解。海瑞见正义得不到伸张，奸贪之徒姑纵不治，振风肃纪已经毫无希望，他报效国家的最后一点希望也在不断地论辩中逝去，他只好再次以年事已高为借口，上疏皇帝，乞归故土田里，"七十有四非做官时节，说天下事自只如此而已，不去何为？"海瑞年事已高，本来正是颐养天年的时节，而不应该出现在官场之中，按照常理，这是合情合理的大实话。但从海瑞在南京的一些举措来看，他还是能够胜任工作的。其实，明朝官场的腐败风气，造成了海瑞的政治主张在十六年前尚且窒碍难行，在这十六年之后又如何能畅通无阻呢？这只是海瑞在无奈之中做出的一种消极反抗而已。

　　其实，海瑞最后这次复出，虽说锐气不减当年，"公用世极锐"，但曾经有过多年官场的阅历已使他不再像当年犯颜直谏嘉靖时那样乐观自信，鼓动嘉靖振兴天下，"在陛下一振作间而已"。而对现任的万历皇帝却忧心忡忡，他在给朋友的信中，曾以东汉魏桓曾拒绝汉桓帝征召做官的理由："如今后宫美女数以千计，能缩小数目吗？御厩骏马一万匹。能减少吗？"借古喻今，明显地影射万历帝喜欢女色和骑射，对皇帝能否改过已表示了无太大信心的疑虑。也正因为如此，当他因改革而率受阻挠之时，就意识到自己的抱负可能只是一次泡沫而已，于是海瑞由失望而终于绝望，不断上疏请求辞职，到万历十五年（1587）九月，

正气凛然

海瑞

海瑞画像

共连续上疏七次，但是都没有得到皇帝的批准，每次御批都是照例四个字，"屡旨慰留"。陪都南京因为远离京师，官员几乎都无心关心政事，各衙门政事荒芜日久，积案甚多。海瑞到任之后，殚精竭虑，一丝不苟，奔波在各项政务之中。他以70多岁的病弱之躯，为朝廷操劳，为百姓分忧，无暇顾及自己的病痛。海瑞在数年前丧母的剧痛中，染上哮喘病，后来就一直承受着病痛的折磨。这位风烛残年的老人在南京过度的操劳和郁闷，已经是心力交瘁，身体慢慢也力不能支，终于在深秋时节，一病不起。随着病情的不断加重，皇帝仍然不批准他辞职申请，海瑞于是拒绝服药救治。万历十五年初冬的十月十四日，南京的天空突然刮起阵阵的寒风，风中裹挟着淅淅的细雨，一直下个不停，像是苍天在为一位即将故去的老人送行而不停地哭泣，海瑞终于在极度的忧郁愤懑中走完了他的人生途程，在南京都察院右都御史任上逝世，享年75岁。

第 十 章

一生清廉　千古留名

　　海瑞的一生是为国为民的一生，是与豪强、奸官斗争的一生，也是清廉自律、深受百姓爱戴的一生。不管各个时期的当权者们对海瑞是抱着什么样的态度，但是在民间，在老百姓的心中，对海瑞的崇敬和怀念始终都没有改变过。

自觉无力　清白离世

　　反复的争论使得海瑞心力交瘁，元气大伤。皇帝虽然照旧用他，但显然，皇帝并不赞成他的观点，只是为了显示自己的大度，"用以镇雅俗、励颓风"，才将他摆在那里。海瑞明白这一点，自觉无回天之力，加之年事已高，于是一再提出辞呈，但接连七次都被御批为不准。一位74岁的老人，处在这样一个尴尬的境地，海瑞终于顶不住了。海瑞病了，病得卧床不起。这次，他知道自己不行了，病再治无益，于是拒绝服药，开始料理自己的后事。所要交代的十分简单，只有一件，兵部所送的柴银多耗了七钱，这笔钱务必要还。他要彻底清白地离开人世，绝不肯有丝毫说不清楚的地方。除了这一件，他再没有向自己身边的人说别的。万历十五年（1587）岁末，海瑞告别了奋斗了一辈子的人生。死时，身边竟没有人伺候。

　　海瑞的死讯传出，皇帝派金御史王用汲负责料理海瑞的后事。王用汲到海瑞的住所察视，只见海瑞房间里的帏帐都是布的，且已经非常陈旧。身上穿的是海瑞最好的衣服，也已经洗得褪了颜色。检查海瑞的箱子，仅翻出几件破旧衣袍，甚至比穷书生还要寒酸。

　　翻遍所有抽屉箱柜，只找到剩下的10余两银子。王用汲看到这些，终于忍不住潸然泪下。王用汲带头捐款，诸御史、众官员纷纷解囊，这才凑足料理后事所需的费用。海瑞无子女，于是，王用汲亲自率人为其沐浴更衣，入殓，承担了全部后事事务。皇帝下旨，赐海瑞"忠介"谥号，赠太子少保。一位二品官，死后竟连料理自己后事的钱都没有，在

正气凛然

海瑞

当时真算是奇迹了。

海瑞之死在百姓中引起震动，无数百姓拥往海瑞家中，只是为了最后看一眼他们的青天大老爷。有人画海瑞像到街上卖，立即被人传出，大量复制出售，一幅五尺的画幅在苏州索价五钱，极为热销，常常是画还没脱稿，即被人抢去，不少人因此而发了一笔小财。海瑞死后一连几天，农罢耕，商罢市，全城的百姓都着素色服装。海瑞出殡那天，沿途百姓泪如雨下，哭声震天。沿着河岸为海瑞送行的百万民众挤得水泄不通，箪食壶浆之祭数百里不绝。朱良知写诗：

> 批鳞直夺比干志，苦节还同孤从清。
> 龙隐海天云万里，鹤归华表月三更。
> 萧条棺外无余物，冷落灵前有菜羹。
> 说与傍人浑不信，山人亲见泪如倾。

海瑞去世后，百姓用各种形式纪念他。他的家乡和松吴一带建了不少庙宇。据说，海瑞死的时候，苏州一个祠庙的围墙突然轰然倒塌，祠庙大堂的墙体则变了颜色。当地人议论说国家一定是出了大事了，果然很快传来了海瑞的死讯。于是，当地乡村之人与道士共同筹划，重新修建了大庙，专门纪念海瑞。

供奉海瑞的大庙有神力，贪官污吏不敢进去。黄秉石是当地的一个富绅，一贯敬佩海瑞，一次到苏州看见大庙，却不敢贸然进入拜谒。他在外面观察多时，发现进庙的各阶层人士都有，于是问儿子："人们说海瑞锄击太甚，富贵人家多有不悦。可今天看见进庙拜谒的不仅有普通百姓，还有许多有身份的人士，这是怎么回事？"他儿子到人群中问了一圈，回来告诉黄秉石说："海瑞所锄，非富贵也，乃豪强也。豪强欺压百姓，因此有过，海瑞对其自然毫不留情。而一般富贵只要安分守

己，海瑞不仅不会打击，还会在各方面加以保护。"黄秉石叹曰："公其非人貌而天都耶？"海瑞真是神，死了还要管世间的事，众位官员看见海瑞的庙都要费一番思量，掂量一下自己的行为。一些过去反对过海瑞的人，也想重新打扮一下自己，为自己身上涂一些光彩。有一名叫钟宇淳的给事，过去曾与房寰交往甚密。房寰后来告诉他人，说他上疏反对海瑞，是钟怂恿的。钟听到人们的议论，极力表白自己，甚至信誓旦旦地说："我若怂恿房心宇劾海刚峰，当口上生疔死。"不久，这位钟大人真的死于此疮。一个人已经离开了人间，仍然会对那些心怀鬼胎的人产生威慑，海瑞死而无憾了。

海瑞是封建社会的官员，是一位历史人物。对这样一位人物，我们是否应该学习或者歌颂？答案是肯定的。评价历史人物，不能离开他所处的历史条件。主要地，应该看他的作为是否有利于当时的人民，有利于当时生产力的发展。海瑞在江苏、安徽、浙江、江西、福建当过官，这些地区的人民是欢迎他的。海瑞所采取的一系列措施，是有利于人民休养生息、发展生产的。反对海瑞的始终是少数大地主，因为海瑞的措施不利于大地主的兼并，不利于他们逃避赋役、欺诈百姓。

为国为民　坚持正义

海瑞清廉公正、为国为民、坚持正义的一生，是有其思想基础的。在他一生的社会活动中，我们看到了他坚持的是"知行一致""经世致用"的原则。他并不是只把书本的理论挂在嘴边，夸夸其谈，而是认认真真地用到行动上，做到学以致用。

清代广东巡抚彭鹏在重修三公（苏轼、丘浚、海瑞）祠记中说海瑞

正气凛然

海瑞

"品行之高，由于学问"，指的是传统文化对海瑞产生了深刻影响。海瑞正是努力地把传统文化运用到他所面对的社会实践中。海瑞不但自小读孔孟之书，而且自觉地继承和发展了孟子"万物皆备于我"的思想。他在《淳安县政事序》中说："天生一物，即所以生万物之理。故一人之身，万物之理无不备焉。万物之理备于一人，故举凡天下之人，见天下之有饥寒疾苦者必哀之，见天下之有冤抑沉郁不得其平者必为忿之。"他认为，社会上的所有人和物均是宇宙整体中不可或缺的一部分，如果缺少了任何一部分，或任何的人和物得不到健康完美的发展，宇宙社会也是不美满的。每一个人或物皆具有天下普遍的生理，即每一个人或物，均是息息相关的，你中有我，我中有你，互相影响，互相依存。所以每一个人都应真诚相处，平等对待，这样社会才能在和谐、完美中发展。在这种思想指导下，海瑞不但说"一邑之事，无非己事"，而且在其一生中也是这样认认真真地急百姓之所急，把百姓的事当作自己的事去看待。而对于有损于百姓的事，哪怕受损者是贫民妇孺，海瑞也必定竭尽所能去帮助他们，把他们的事当作自己的事，为他们排忧解困。

另外，我国古代的传统文化十分重视个人内在的道德修养，尤其注重诚信。在海瑞的一生中，他所坚持的正是以真诚之心待人处事，所谓"不求合俗，事必认真"，就是不随波逐流，必定认认真真对待每一件事。他在《督抚条约》中告诫下属："今人往往谓诈高者位亦高，世情不宜于真宜于假。不知假终不能假，真终归于真。今后各官请以十分认真行事，九分之真，一分放假，不谓之真。"诈术、骗术可能会得到一时的利益，但终归是会被识破的，只有老老实实去做人，认认真真去做事，每时每刻都做到诚信，才能得到别人、得到社会的认可，所以他经常强调"率真而行之"，"诚能动物"。海瑞在这里所讲的"诚"，并非限于理学或心学上的意义，更多是指人人皆不应丧失的良心，或者说是实事求是、多为对方设想的善良之心。

海瑞真诚之心，除了受儒家传统的率性、诚信的道德影响外，很重要的是他对"知"与"行"的关系有十分深刻的理解。

先"知"然后才能"行"，还是先"行"然后才能"知"，过去一直争论不休。这种先后之争，实际上是把"德行"与"学问"看作是各自独立的两件事。海瑞认为："学以知为先，读书所以致知也。"在学习上，当然是以求取知识作为首要任务，学习就是为了增长知识。然而，在《教约》中他又指出"体用原无二道。明经，体也，以之商榷世务，必有道矣"，这是说作为行为依据的"体"（即"知"），与具体实践时的行动（即"用"），两者之间应是一致的，并无"二道"。理论既是为具体的社会活动而存在的，又是具体社会活动的总结，所以他十分注意被称为"理论"或"知识"的作用，他指出，明确的、真正的理论或知识，是人们一切行动的基础。然而"知"与"行"，即对事物的知识的了解与对这些知识的具体运用，即所谓"用"，两者又是不可截然分开的。所谓"体用原无二道"，"体"必定能应用到实践中，才可以成为真正的"体"；"用"必以"体"作为指导，始不失为"用"，两者是不可截然相分的，故海瑞强调："道学问之功，为其尊德行而设，正与孟子学问求放心同义。"所谓"求放心同义"，是指进行学习的时候要专心一意，有明确的学习目的，不可心不在焉，想入非非；只有发扬其本真本善之心，一心一意向圣贤学习，学问才会有所收益，有所长进。"知"与"行"两者是密不可分的，故海瑞坚持"知行非有二道也"，只是在不同情况下，各有所不同的侧重；当强调"学"时，当然以"知"为先；而强调"用"时，自然又是以"行"为主了。

在这一前提下，海瑞鼓励人们努力学习。他在《教官参评》里告诉学生"文章由道德发出，事功从学问做来"，要注意个人的道德修养，加强对学问的溯求，这样才能明辨是非，树立正确的方向。同时又

正气凛然

海瑞

要把这些贯彻到日常生活中，做到言行一致，学以致用，这样才能有利于家、有利于国。而不至于像一些人那样，"可惜一生心，用在五字上"，"穷一生读书作文，而于家国身心毫无补益"。海瑞在其一生中，不但是这样要求别人，也是这样要求自己，处处体现出他提倡的言行一致、经世致用的思想和品格。

其次，儒家的圣贤观念在海瑞心中是占有十分重要的位置的。他认为，圣贤与乡愿之不同，很大程度上是圣贤能坚持与实践以孟子为代表的儒家"养气"的思想。所谓"昧真心，自馁浩气，乡愿也"，就是说，违背良心，败坏本来所具有的天地正气，这就是乡愿。又说"集义以生浩然之气，为贤为圣"，就是说，能坚持正义、发扬天地之正气者，就是圣贤。

海瑞坚持儒家传统的对圣贤与乡愿之辨，认为浩然之气是天地至刚至正之气，本来就是充满于宇宙、人物的。他在《贺屈元礼生子序》中说"孟子善养浩然之气，正以为天地四方之射也"，在《赠句容贰尹吴颐庵序》中又说"浩然于天地之间，其大无外"。就是说每一个人本来都是具有这种天地之正气的，问题是愿不愿意把它发扬光大，真真正正地用到行动上。所以海瑞在《赠黄广台〈思亲百咏〉序》中指出：孟子养气之说，乃"上接尧舜"之德，"以继往开来之责、道德性命之微属之士也"，因此以气养士，就不是可以掉以轻心的事，而是一种向圣贤学习必须要做的事，是一种历史的责任。对于孟子"养气"的说法，海瑞既给予充分肯定，也是身体力行的。梁云龙于《海忠介公行状》中说海瑞"以事事认真、集义养气为主"，正是概括了他一生的道德准则。

但海瑞并没有墨守传统"养气"之见，他认为"气"与"义"是不可分割的。在《朱陆》《孟子道性善》《申军门吴尧山便宜六事文》等文章中，他指出"论性不论气，无以见其生禀之异。论气不论性，无以见夫义理之同"；进而又指出"气"与"理"亦是不可相分的，"无

海瑞虎穴探奸情

正气凛然

气则此理无处安顿。日理日气，无离合，无后先，性即在气质中，非二物也"。他是把"气"与"义"，"气"与"理"视为一个统一体中的两个侧面。海瑞认为，"气"既与"义"与"理"不可相分，则"气"乃关乎宇宙人物方方面面，不可有所偏颇。人之"义"，"气"固然是有所禀受，是上天所赋予的，但"人之性气亦非始终不可迁移"，而是应该在后天的修养中不断丰富、不断完善，亦会因修养之不足而改变甚至毁坏其本具之性气。所以圣贤的气象、刚正不阿之正气，主要是靠后天的修养和具体的社会实践而彰显的。故海瑞在《借山亭记》中又说："天下之所少者，非才也，气也。"这显然是受张载"一物两体"思想的影响。

过去论海瑞，多注意朱熹和陆九渊思想对他的影响，其实以张载为代表的"关学"对他的影响也是很大的。准确地说，在对待传统文化的态度上，海瑞并没有固执于某家某派，而是从对实际生活的认识中，实事求是地吸取各家之长，并把它们作为自己为人处事的依据。正是由于这样，他对朱熹、陆九渊等人的思想均有所批评。他认为，朱子"格致"之说只是从自我反省中实现自我完善，是任何人也不可能真正做到的；至于陆子之学则是"自传心法视之，犹俗学也"，其说只是希望人们在良心上有所发现，这并没有什么新鲜的内容；对王阳明以诈用兵的行为，海瑞认为"于天理人心不合"，甚至对孔子、孟子的一些言论，他亦有不同的意见。

海瑞对朱熹等人的批评，尽管还有可讨论的地方，但他独立思考、

绝不盲从的学习态度，对我们则是很有启发的。

一生清廉　百姓尊崇

海瑞一生为官多处，最后高居二品官的职位，但生活一直非常简朴，经常要靠亲自劳作来维持生活。临死前三天，兵部送来的薪俸银子中，故意多算了7钱，海瑞不肯多拿国家的一毫钱，让人立即给退了回去。临终时，有两个妾四个仆人侍奉左右，但他们也是"愚弱不能任事"。海瑞身后十分凄凉，儿子早逝，海瑞丧事全由同僚为之操办。海瑞死后，金都御史王用汲清点海瑞的遗物，全部家产仅有俸银10多两，还有数件破旧的袍子，床上用品也都是用粗制的葛布缝制的，清苦得连当时一般的穷书生都比不上，"有寒士所不堪者，因泣下"。就是说王用汲看了海瑞的遗物后，不禁失声痛哭，他只好和同事商量凑钱支付了丧葬费用，"率诸御史捐金治具"。海瑞从官十多年，生前俭朴到一般人难以置信的地步，堪称明朝第一节俭人，穷得连死后都无钱办理丧事，与当时家财万贯的大小官吏们形成了鲜明的对比。苏州士人朱良目睹海瑞遗物以及士大夫凑钱为海瑞买棺的情景，唯恐后人不信有此等事情，含泪写下了《吊海瑞诗》曰："披鳞直夺比干心，苦节还同孤竹清。……萧条棺外无余物，冷落灵前有菜根。说与旁人浑不信，山人亲眼泪如倾。"以期让海瑞两袖清风的精神常留人间。

在南京的各级官员以及地方缙绅们听到海瑞逝世的噩耗后，纷纷前往灵堂瞻仰海瑞的遗容，向这位一身正气、两袖清风的官员鞠躬默哀，做最后的诀别。各个衙门的官员、生前好友、亲朋同乡等分别送来挽联、悼词，悬挂在海瑞灵柩的周围。十月二十二日，都御史王用汲率

同僚举行公祭。海瑞逝世的讣告很快就报送到北京，万历皇帝闻奏也颇伤感，"辍朝悼伤"，还专门派礼部左侍郎沈鲤带着谕旨到南京追悼海瑞，谕旨说海瑞"若金在冶，虽百炼而愈坚，俟河之清，奈九泉之莫及"，所以"特颁祭葬"。此后，北京各衙门官员以及广东同乡诸官也到南京分别吊唁公祭。万历还命令礼部讨论海瑞的谥号，所谓谥号是中国古代帝王、大臣等具有一定地位的人去世后，根据其生平事迹与品德修养，给一个寓含善意评价、带有评判性质的称号。郎中于孔谦请求皇帝赐海瑞谥号为"忠介，赠太子少保"。所谓"忠介"，根据海瑞同乡明礼部尚书王弘诲在《海忠介公传》中说是"谋国之忠，持己之介"，万历制诰评价海瑞的悼词很长，历数海瑞一生之功业，其中有"训士以身，卓有严师之范；保民如子，居然良吏之风。虽强项不能谐时，而直心终以遇合。……慷慨片言，世争传其谏草；崎岖百死，天亦鉴其精忠"。悼词高度赞扬了海瑞对王朝和人民的忠诚，海瑞受之无愧，不过，"强项不能谐时"一句，还是对海瑞生前的做法有贬斥之意，这是王朝官方对海瑞的盖棺定论。

海瑞出殡当日，南京城内的商贾小贩再次停业歇市，城外的农民也放弃田间农活，自发等待为海瑞送行。正午时分，海瑞灵柩从南京都察院起行，哀乐声声，令人心碎，送丧队伍打着写有"南京都察院右都御史谥忠介赠太子少保海瑞之灵"的白布挂幡，灵柩经过的大街两旁，家家户户门前都摆放着饭菜，点香烧纸，人们跪祭诀别海瑞。当海瑞的灵柩送到长江江面上时，方圆数十里的老百姓早已穿戴着白衣白帽的孝服等候在长江两岸，人群浩浩荡荡长达百里，哭声震天动地。海瑞的棺椁每经过一地，当地百姓都会竞相出来护送祭奠。很多老百姓还在家里挂着海瑞像，早晚酹酒致祭，可见，百姓对海瑞拥戴之情的情真意切。

海瑞病故的噩耗很快也传遍了整个南京城内外，整个南京城都为他悲痛。老百姓也以自己的方式表示对这位曾两度任职江南，造福地方的

好官员的怀念。南京的市民惊悉海瑞之死，奔走相告，痛不欲生地悲号，如同死了亲生父母一样，南京的工商业者还自发地罢市数天，以寄哀思。万历皇帝接到百姓如此厚爱海瑞的情报，下令对海瑞举行隆重葬礼，从国家财政支付银两修建海瑞的墓穴，并特派海瑞琼山同乡、新科进士许子伟为钦差大臣，到南京护送海瑞灵柩回故里海南安葬。

海瑞墓坐落于今海口市西郊滨涯村，1996年被列为国家级重点文物保护单位。海瑞墓始建于明万历十七年（1589），由钦差大臣许子伟监督修建。据说在运送海瑞灵柩进入海南之后，在今墓穴处，抬灵柩的绳子突然断了，人们推断这是海瑞在自选墓地，于是就地下葬海瑞。许子伟在办完海瑞丧事后，就在海瑞墓旁搭建一间茅草棚，替海瑞守墓三年，并认真研读了海瑞的遗著。万历皇帝对许子伟的做法很赏识，很快提升其为兵科给事中，不久又升为吏科给事中（给事中是皇帝身边的近臣）。海瑞墓用花岗石砌成，圆顶，六角形基座，庄重古朴，陵园正门的牌坊上横书"粤东正气"四个丹红大字，陵园内现设有海瑞文物陈列室，供人瞻仰凭吊。

海瑞死后，人们对海瑞是好评如潮，称海瑞是"一代伟人""当朝伟人，万世瞻仰""古今一真男子"，连反对他的何良俊也说海瑞"真是铮铮一汉子"。明清时代，许多名宦、士人诸如李贽、陈殡、张伯行等都给海瑞写传记、作行状，刊刻海瑞文集，并撰写序跋，通过他们的宣传介绍，海瑞的感人形象不仅在思想舆论界，而且在政坛与民间社会亦产生了很大影响。与海瑞同时代的李贽，得知海瑞去世后，专门写了《太子少保海忠介公传》，认为只有像海瑞那样同情与怜悯世人的人，才称得上真正扶世之人，并说海瑞是栋梁之材而非万年青草。王弘诲评价海瑞为"行为国栋，德足世仪"。王世贞则用"不怕死，不爱钱，不立党"，高度地概括了海瑞一生的经世为人。清代官府和民间关注海瑞的热情有增无减，康熙时贾棠说海瑞是"清风高节，正言直谏"。官修《明史》用了相当长的篇幅记述海瑞事迹，将海瑞骂皇帝的奏疏几乎全文录入，将之与汉代汲黯、宋代包拯相媲美，用意显然是在推广海瑞这种刚直不阿、为民造福的精神。然而，对海瑞的处世为人，也有不同的声音出现，与海瑞同时代的何良俊说海瑞"眭既偏执""喜自用""不识体"。万历举人沈德符也说海瑞秉性偏执，"以清骄人，又以清律人"。《明史》也说海瑞一生是"意主于利民，而行事不能无偏"。言下之意是说，海瑞尽管一心一意为了老百姓，但做事却偏激。

海瑞于1587年去世，2007年是其逝世420周年。海瑞一生清廉洁己、刚直不阿、维持纲纪，以匡扶天下为己任的精神，始终被人们所弘扬。400多年以来，人们始终没有忘记这个历史人物，并根据社会发展的需要，不断探索海瑞的思想、挖掘海瑞的精神，将其融入时代发展的精神内涵，使得海瑞的精神代代相继。

以清律己　民心所向

海瑞的一生为人民做了不少工作，一直都得到正直的士大夫和人民群众的支持。他批评皇帝，人们理解他，同情他，甚至连狱卒也尽所能地照顾他。他带领民众治水时，又得到不少乡绅的支持。例如溧阳人史际就捐出两万石大米支持海瑞以工代赈的计划，松江府、苏州府、镇江府均拨出白银一万两到两万两供海瑞调用。

海瑞晚年，身体已经很虚弱了，但他仍坚持带病工作，终于因劳累过度逝世了。他人虽离去，但却引起了成千上万人的追思。朝廷以最高的礼节为他送葬，专门派出行人司行人许子伟护送海瑞的灵柩返回琼州。沿途江河两岸，老百姓都自动放下手头的工作，跟随着灵柩为他送

正气凛然

海瑞

行，队伍延绵数百里。学士们纷纷写诗表示哀悼，老百姓都在家中绘制海瑞的画像进行拜祭。不久，凡海瑞曾经工作过的地方，如淳安、兴国、北京、南京等处，都为海瑞兴建了不少祠宇，于每年春秋两季举行拜祭。海瑞的家乡琼州则在小北门外建了一座"三公祠"，在这里供奉海瑞与苏轼、丘浚这三位琼州人民热爱的名人。

海瑞的一生是为国为民的一生，是与豪强、奸官斗争的一生，也是清廉自律、深受百姓爱戴的一生。民间流传着不少关于海瑞的诗歌和故事，赞颂之辞不绝于耳："忠似比干名并久，寿过尼父逝还迟。""漫道姓名光国史，于今草泽口成碑。""秋霜烈日公独奇，不世勋庸在口碑。""骨鲠原来有几臣，惟公透悟本来真。""挺身直作回澜柱，逆耳时闻折槛声。""砥柱中流大丈夫，刚风气节古今无。"

清朝屈大均的《广东新语》记载了一段这样的传说：琼州有一块海瑞的石碑，在明崇祯十六年（1643），即明朝即将灭亡的时候，每日都有血流出。一直到第二年的五月，明朝被灭、崇祯死去的消息传来，石碑才停止流血。附近的人们都说，这是海瑞的亡灵因为知道了国家将要灭亡所以哭泣所致。

海瑞的一生给我们的启迪有很多，有些非常具有现实意义。

海瑞的一生是"无私生威"。海瑞执政措施甚急，不留后路，关键在于"心底无私天地宽"。他在任期间，从没有利用手中权力谋取任何一点个人好处，反把一些自己应该得到的合法利益革除。他取消了许多官府服务项目，甚至让自己的家人种菜砍柴，只是为了节省一点政府开支。他在任这么多年，家中田产没有增加，从淳安到兴国赴任时，甚至连一身像样一点的官服都没有。若不是朋友的要求，他恐怕会着一身旧衣服到新岗位任职。他死的时候，身边只几块布料、十几两银子，一件像样的家具都没有。若不是王用汲的帮助，恐怕他连"还里"都做不到。他的生活标准同一般贫民差不多，虽然一些人讥他"没有风度"，他不为所动。他认为，"柴马俸禄外，毫发属民"，"过此，皆法之所不宥"。因此，他处处禁绝馈送，裁革奢侈，躬先节俭，以清律己。正因为他自己从不谋取不义之财，因此大多数人敬重他，佩服他。他也敢于向任何人开火，纠正他所发现的所有不正之风。一些不理解他、同他闹过别扭的人，甚至他的政敌，对他这一点都不得不表示尊重，说他"不怕死，不爱钱，不立党"。

为民一世　青史留名

正气凛然

海瑞

海瑞是一个清廉正直的实干家，他在任职期间的言行透露出不少闪光的思想火花，尽管这些思想没有形成完整的理论体系，但海瑞一生始终是以这些思想作为自己行事的指南。著名学者李锦全先生在《海瑞评传》一书中有十分深入的研究，概括起来，海瑞的思想主要有以下几个方面。

第一，德才兼备、学以致用的人才思想。人才能否德才兼备，关键在于学校的培养，而教师是学校教育的关键。在传统社会里，教师的作用就是为了国家培养官僚后备人才，"士读书文人式，而后授之以官"。士人的好坏，与社会有很大的利害关系。海瑞认为"朝廷养士，本为安民"。可是要培养合格的人才，教师肩负着不可推卸的责任。他们在日常生活与工作中的言行，对生员乃至社会都有重要的影响，"凡一言一动足为士子楷法"。他在《赠钟从吾晋灌阳掌教序》中说：教师通过身教言教，"教成十人，为国家造十方之福，教成百人，为国家造百方之福"。明太祖时在《明会典》中立下尊师之规矩，教师在学校的明伦堂拜见前来考察的官员，只要作揖就可以了，用不着跪拜。海瑞在

南平教谕任上，见上司不下跪，就是将这一内在的思想外化为实际的行动。海瑞以身作则、言行一致、表里如一，为社会上的尊师重道树立了榜样。

海瑞的教育思想是把尊师重道放在首位。明中叶以后，教师由于既没有威严的权势，又没有丰厚的俸禄，社会世俗对教师越来越轻视，而任职者又往往与社会"同流合辙"，这也是造成社会风气日下不可忽视的一个因素。海瑞强调通过全社会发扬尊师重道的精神，来塑造德才兼备的人才思想，从而带动社会风气的转变，他在《赠黄村赵先生升靖安大尹序》中明确表示，只要全社会能形成尊师重道的风气，天下就能得到正道，一旦社会盛行"师严立而善人多"的局面，则会收到"正朝廷治天下"的效果。如何才能尊师重道呢？海瑞在任南平教谕期间颁布的《教约》，对师生的言行均有明确的规定，这是海瑞人才思想的集中反映，要求师生按照儒家倡导的"仁义道德之言"，培养"浩然之气"。教师不能只挂着"空名"，必须为"诸弟子范"，要"有志于圣贤之学"，在教学中做到身教和言教兼行并重，这样才能得到生员的信服。

海瑞主张教师在教育过程中务必将道德教育摆在生员学习的首位，造就德才兼备的管理人才。南平《教约》中有"圣门之学在知行。德行属行，讲学属知。……真实读书者，肯弃身于小人之归乎！是故知行非有二道也"。也就是说，一个重视知识的读书人，绝不能轻视自己的品德修养，从而把自己归附到小人的队伍中，而应该做一个德行和知识统一的人，德行好的人，道理也会讲得好，知和行不是两回事。海瑞所讲的"小人"是指道德品质有问题的人。因道德素养低下，这种小人特别推崇"乡愿"，表面上"居之似忠信，行之似廉洁"，其实却是言行不一、伪善欺世，善于伪装，骗取世人一时喝彩的小人，海瑞痛斥推崇"乡愿"的小人是"德之贼"，即是破坏道德的败类。海瑞主张读书进取必须与道德修养相结合，"学以知为先，读书所以致知也"。但是如

果学习态度不端正，急躁虚浮，一心想着功名利禄，那么学问就很难有长进。所以读书之法要居敬持志、循序渐进，切不可养成"浮薄之习"，从而坏了士人的心术。只有德才兼备的人，才会廉洁以奉己，诚信以待人，才能真心实意地为民做主、为朝廷分忧。

海瑞强调士人要能学以致用，因为"朝廷养士，盖欲异日为天下用"。如何才能学以致用？海瑞认为士人要时时留心时事，读书作文必须于"国家身心"要有所补益，"平日读书，体认道理明白，立心行己，正大光明"。他自己在科举考试中撰写的《治黎策》和《平黎疏》就是他这一思想的集中反映。他在南平《教约》中强调说"体用原无二道"，指出士人明白经术是体，以经术处理世务则是用，"明经体也，以之商榷世务，必有道矣"。然而，经术只是抽象的概括，"经术概言其理"，而实际的世务却纷繁复杂，"世务非一一自其事而讲求之"，因此必须具体问题具体分析，才能处理好各项工作。他批评科举考试只重视八股文而轻视实用的现象，"今则徒悬帖括以应矣"。由于科举考试重视"帖括"，造成了"朝有多士而世务无赖者"的怪事。就是说生员为了应付科举考试，一味地背诵、抄袭成文，结果国家录取的举人、进士倒是不少，但他们大多对世务却一窍不通。海瑞从自身的经验出发，将体用一元的思想运用到具体的教学实践中，在南平教谕任内，他就施行了生员在粗通经术之后，每月组织生员讨论一两次与国计民生相关的边防、水利等世务，并把这些列入考试的内容。海瑞的这一做法，是将自己关于培养德才兼备、学以致用的人才思想付诸行动，符合海瑞言行一致的品性。明朝士人热衷于科举考试的目的就是为了做官替王朝和天下效力，因此出仕当官，其实就是学以致用的最好表现。

他在《赠钟从吾晋灌阳掌教序》中说："仕而优则学，学而优则仕。仕学融会，孔门未尝废仕，亦未尝专言学。……经义、治事并举之。"强调经义与治事并举，其实就是将理论学习与实际工作相结合，

也就是学以致用吧。出仕之人无论是官员还是教谕，都要能做到身教与言教相结合，只有这样，才能帮助社会树立正气。

第二，主张人治与法治相辅相成的治国思想。出仕做官是学以致用的主要途径，只有德才兼备的人出仕，才能实行真正的人治，因为只有德才兼备的人才能坚持立身行道的治国原则。海瑞在《治黎策》中清楚地表述了自己关于"人法兼资"的思想："天下之事，图之固贵于有其法，而尤在于得其人。何谓法？经画而条理之，卓有成绪可考者，法之谓也。何谓人？所以经画而条理之，卓以成绩自许者，人之谓也。得其人而不得其法，则事必不能行；得其法而不得其人，则法必不能济。人法兼资，而天下之治成。"这段话中的"法"，是指已经规定了的规章制度，而且有明文可考。"人"是这些规章制度的制定者和执行者，并已经做出了成效。只有人而没有法做依据，则事情一定不会办好；有了法而没有合适的人，则法也一定无法执行。因此，只有人治和法治相互依存、相互支持，天下才能被治理好。海瑞所讲的"人"应该是道德高尚的人，符合儒家"为政以德"的思想。实际上，海瑞的这一思想，即使在今天也仍然值得提倡，治理国家必须法治和德治兼行。

海瑞自己在为官期间，始终坚持"人法兼资"的思想，无论是在南平任教谕，还是在淳安、兴国任知县，甚至后来出任应天巡抚以及最后在南京的复出，始终都在调查研究的基础上，制定出明确的规章制度张榜公布，而且自己带头严格遵守这些规章制度。从此也可以看出，海瑞是注重将思想与实践结合起来的典范。海瑞主张"人法兼资"的要义，主要还是落实到为官之道上。而为官之道的第一要义就是为政清廉，这是海瑞治理国家思想的核心所在。他在多篇赠序中都表达了为官尤其是作为知县的地方官，必须具有以德化民、以法治吏的思想，为政者要做到为政清廉，必须把德义放在第一位，他在《其嗟也可去》中说："天下孰为重？德义为重。德义孰有之？君子之身有之。合仁与人谓之道，

有此身然后有此德义。"他赞成"饥者不食嗟来之食",指出"奔趋势利"则"生不如死"。强调为人首先必须有良好的道德品质,人生在世最看重的应该是德义,要以儒家倡导的三不朽去"内以修身,外以为民"。修身是儒家视为至上的"立德",如果没有修炼成德义之身,就很难为天下百姓"立功"。

海瑞主张为官清廉,不仅仅限于不贪赃枉法,还必须具有正直无私、秉公执法的精神。他通过自身的行动对这一思想进行了清晰的诠释。他置生死于度外,上疏指斥嘉靖皇帝,以及敢于和官僚集团作斗争,都体现了他刚强正直之性格。而要做到这一点,内心的修炼非常重要。他说:"君子之于天下,立己治人而已矣。立己治人,孰为之?心为之。心为之,心自知之。……内无纯心,安得外有纯政。"所谓立己就是要做到内有纯心,然后才能外有纯政。这就是儒家所谓的"内圣外王"之道。纯心的起码要求就是平时待人接物要诚实不欺,做官则要诚心做实事。只有实心实政,才能对国家和人民有益。做官必须勤政爱民,以民为本,为民办事务必尽心尽力。他根据自己在任县官期间的工作经验,主张县官要"秉有公、廉、勤、慎四道行之"。所谓公就是办事公正无私,廉就是廉洁不贪,勤就是多接近下层百姓,慎就是办事认真稳重不能有疏忽。这也是海瑞一生为官的真实写照!

海瑞一生的品德和功业主要表现在实际行事中,做事从不调和,是非分明,言行一致,表里如一,反对弄虚作假,提倡实事求是。海瑞认为为政之道在身体力行,而不在多言,即"躬行之外,无他说也"。政策能否得到执行与贯彻,关键是执政者能否做到言传身教,而且身教重于言传,"一人为天下教,当以一身为天下先","一身为天下养,当以一身为天下劝"。意思是说,当政者只有自己首先作出表率,然后才能去劝导他人。海瑞本人无疑一生都在用行动实践着这一思想,即使在多次的身处逆境中,也丝毫没有改变其立身行事的刚正本色,宁可弃官

正气凛然

海瑞

耕田，也要"惟务识真""不为乡愿"，始终以实事求是的态度面对挫折和人生。

第三，发展陆王心学的哲学思想。海瑞是一名政治实干家，不是哲学家，也称不上是心学家，但其立身行事的指导思想则明显打上了陆王心学的烙印，他的心学观只不过是对孟子的心性之学和陆九渊、王阳明之心学某些观点的粗浅发挥而已。从哲学的角度来看，海瑞对这一哲学领域也许并没有什么深层次的独创性，但海瑞却始终用这种思想、观点去指导自己的实际行动，特别是在政治实践方面，海瑞更是笃实严谨，凸现其刚直之性格，在历史上产生了深远的影响。

海瑞从陆九渊、王阳明的心学中吸取了丰富的养料，始终以本心为追求人生之根本，从本心出发，强调为学要先立大志，他颂扬陆氏"平日拳拳以'求放心，先立其大'为教"。在他撰写的《朱陆》文章中，将朱熹和陆九渊的思想进行比较，明显具有抑朱扬陆的思想倾向。他不赞成朱熹一味对儒家经典的训诂，认为凡事要亲行而用心去体会，强调将内求于心放在思想认识的首位，"圣人六经，躬行心得之余为之"。而朱熹则强调"读书为先，求心反为后"，这是海瑞所不能完全接受的。他认为朱子"羽翼六经，嘉惠后学"，固然有其学术贡献，对后人也有一定的贡献。但"朱子自少至老，无一日不在经书子史间，平生精力于训诂，而其所训又多圣人之经、贤人之传也，夫岂得无功于后"。也就是说朱熹穷其一生都在考证、解释儒家的经典著作，应该说对后世是功不可没的。然而朱熹的训诂却造成了"圣真以此破碎，道一由此支离，又不能不为后人之误"，即对后人起了一定的误导作用。朱熹的训诂表面上是枝繁叶茂，实际上并没有抓住根本，"使人繁于枝叶，昧厥本原"，就好比是一个人在路上行走，本来方向感就不强，结果在"歧路之中又有歧焉"，让人不知如何选择方向。所以，海瑞认为朱熹之学对后人来说是过大于功。海瑞批评朱子不以圣贤之意说

圣贤，而"以己之所误说之"，学问偏枯，识见昏昧，致使当世之儒病入膏肓。他引用明代另一大儒王阳明的话，直指朱学为异端邪说。海瑞认为，天地间万事万物，没有一件"出于心之外者"，在他的眼里，宇宙间，心为万事万物之本，一切学问与"克省""存养"等，都是为了不失本心，扩充善心，"舍去本心，日从事于古本册子，章章句句之……已不可以入尧舜之道矣"。就是说一个人不重视内心的德行修炼，而只知道埋头于古书中寻章摘句，是不可能进入到尧舜那样的思想境界的。为此，他躬行践履，言行一致，笃道行仁。

海瑞对陆九渊的学说基本上持肯定的态度，"陆子门人问陆子学以何进？曰得之孟子，则精一执中之旨，陆子得之矣，乃朱子其学则异于是"。海瑞认为陆学渊源于孟子，"孟子传自尧舜，陆自识之"。陆九渊的心学对海瑞做人及从政产生了莫大影响，海瑞发挥了心学"人皆可以为尧舜"的理念，自少就树立"以圣贤为必可为，以天下为己任"的信念，以去私、存心、养浩然之气为准则，努力按照古圣先贤的标准去学习做人，在《严师教戒》中，海瑞为自己立下了一个保持完节，扩充浩气，以天下为己任的做人标准。他认为，人活着的目的就是要扫清不正之妖氛邪雾，澄清宇内，使浩然之气充塞其间，以圣人为师，仿效圣人的言行，做一个顶天立地的大丈夫，而不是为了功名利禄。他在各地任官期间，经常到明伦堂听讲书，只听讲孟子养浩然之气一节，反映了海瑞始终不忘学做圣贤的初衷。他贯彻陆九渊心学"求放心，先立其大"的精神，学做圣贤，处处以天下国家为己任，敢于道人之不敢言，行人之不敢为，不怕挫折，不怕牺牲，"其平生所学，惟务识真，必为圣贤，不为乡愿。……而自号刚峰，以代箴儆"。

海瑞对明代思想家王阳明十分推崇，王阳明学派倡导"知行合一"，强调理论和行动要一致的观念对海瑞产生过相当大的影响。海瑞一生最嫉恨的就是知和行不一致的人，他说，这种人明知是好事而不敢

正气凛然

海瑞

做，明知是坏事而不敢反对，遇事站在中间，逃避斗争，甚至脚踏两只船，一味讲调停，和稀泥。海瑞把这种人叫作乡愿，他说，乡愿就像中药里的甘草，煲煮中药都要放些甘草。海瑞在《乡愿乱德》一文说，乡愿像甘草这样做的目的，无非是做什么事都充当好好先生，没有浩然正气。海瑞生活的时代，乡愿之风较为盛行，"今天下惟乡愿之教人人最深，凡处已待人，事上治下，一以乡愿道行之"。海瑞对乡愿深恶痛绝，他认为，乡愿和大奸大恶相比，不会相差很远，都是对社会发展的一种危害，"今人不为大恶，必为乡愿，事在一时，毒流后世"。海瑞在言词之中，表露出对乡愿不讲原则、八面玲珑、上下讨好、脚踏两只船、一味调停等丑态的愤怒。海瑞到处揭露乡愿的罪状，在以后的工作岗位上，海瑞对乡愿误国有了更加深刻的认识，他曾说："现在医国的只一味甘草，处世的只两字乡愿。"他对官场之人，不讲为官的道德操守，一味跟风随俗的行为，进行了严厉的谴责，今天下士人"得官为己利，曰要做官则不得不随此俗套，圣贤人官之道即一日也做不得。每借口事之无害于义，从俗可也"。由于这些出身于士人的文官"其义不讲久矣，以故天下之人，坐受仕人之害"。他笃道行仁，从"本心"出发，始终对王朝和人民忠心耿耿，本着"学为己，仕为人"的准则，而不是一味地附和别人，这是海瑞一生始终努力追求的人生目标，而又与海瑞的立志圣贤思想是一致的。

海瑞发挥了孟子和陆王心学思想，专门写了《学问之道无他求其放心而已矣》一文，认为仁德是先天赋予的，只是因为后天受到物欲的蒙蔽而丧失，只要主观努力就能保持仁德。这与陆王心学主张的"心即理"是一致的，实际上强调的是存理去欲。但是，海瑞对陆王心学的认同，并不是仅仅停留在口头上，而是将其落实到致用的实践中去。他在《借山亭记》中说："天下有望治之人心，不见有行治之官吏。民之疾苦，尚先日也。"就是说，即使天下人心思治，如果没有能执行治国政

策的官吏，那么百姓的疾苦还是会和过去一样无法得到解决。所以海瑞主张"有其心不背于用"，即以心为体，以行为用，这与他的学以致用思想是吻合的。海瑞长期在地方担任县令等职，对民间的疾苦了如指掌。因此他始终把解决百姓的物质生活当作首要任务来抓。

明中叶以后由于贫富不均的加剧，人的精神道德逐渐滑坡，社会危机也日益加深。而要解决贫苦百姓的物质生活问题，首先就要使他们有田可耕，其次是减轻百姓的赋役负担。他发挥孔子富而后教和孟子无恒产则无恒心的思想，实际上是承认了物质生活制约精神意识这一哲学上的基本原理。可见，海瑞既服膺陆王心学，又强调物质的作用，这是对陆王心学的发展，也是海瑞思想上矛盾两重性的反映，进而也造成他在认识方法上的两面性，他既强调发挥主观精神的作用，却又非常重视客观的调研工作。他在基层工作期间，总是以访问调查的事实为依据，尽职尽责、求真务实。这表明海瑞的思想已经突破了陆王心学的藩篱，在逐渐向唯物论方向转移。海瑞被人们誉为"海青天"，亦称"包公再世""南包公"。海瑞作为一位清官，一生以清廉刚直著称于世，平生十分简朴，即使后来官至二品，还是一贫如洗，死时仅留下白银10多两，还不够自己的丧葬费用。正是因为海瑞的与众不同性格，所以隆庆、万历时期，他的复出总是阻力重重，这与明朝吏治腐败关联极大。明朝的地方官不能完全依靠国家发给的俸禄来解决生计问题，他们的主要收入是种种"常例"，所谓常例就是隐性收入。尽管其中有不少是属于搜刮百姓的不义之财，也有许多是在制度长期运作中自然形成用以弥补薪俸不足的陋规。据《明史·丘橓传》记载，丘橓作为左副都御史在万历十一年上《陈吏治积弊八事》，痛陈隆庆、万历年间，"士风渐靡，吏治转污"，日甚一日，朝廷原来用于考察各级官员的制度，这时已经演变为不同等级官员之间权钱交易的一种途径。面对"贪墨成风，生灵涂炭"的社会现实，朝廷尽管也打击贪污犯罪，但

实际上抓起来的贪污犯多是一些"单寒软弱之流"，真正的大贪污犯由于关系网严密且又有后台，尽管"赃秽狼藉"，还是照样得到升迁。贪污腐败在明朝后期已成为一种社会风气，官员们工资尽管微薄，但却个个都很富裕，"方今国与民俱贫，而官独富"。所以，海瑞不遗余力地打击贪污犯罪、惩治以权谋私，最终把自己推到了整个官僚阶层的对立面。

但是海瑞从来没有因此而改变自己，他依然坚守着自己的道德底线。海瑞把所有的"不合理收费""一刀切"地禁止，坚持以官府给予的微薄薪水养家糊口。他自己一生一直过着十分简朴，几乎是自虐的生活，以期能唤醒士大夫的良知，但是却极少有人乐意追随他的生活方式。大家反而认为海瑞是一位难以合作的伙伴，黄仁宇在《万历十五年》中说，北京负责人事的官员在听说海瑞死讯后，"大大地松了一口气，因为他们再也用不着去为这位大众心目中的英雄——到处惹是生非的人物去操心做安排了"。自洪武开国到海瑞出任官员，明代已走过了二百年左右的历程，社会已经发生了很多变化。国家已经培养了一大批的文官，文官集团已经成熟。官员们大多对民生疾苦视而不见，更多地关心保持自己职位以取得合法与非法的收入。在几乎无官不贪的情况下，如果真的要实施明太祖时的法律，大概很多人都可以被处以绞刑，真的对违反纲纪的人实行剥皮，可能刽子手也会供不应求。因此，无论海瑞如何清贫廉洁、刚直不阿，都无法以个人的力量改变这种现状。但是海瑞的可爱之处，就在于他明知不可为而为之，绝不与贪官污吏同流合污。所以，他一心为民、清正廉洁、严于律己的精神，不仅得到了历代人民的敬仰，时至今日仍然值得人们学习。

海瑞一生始终以儒家治世思想作为目标奋斗不已，对明王朝忠心耿耿，对母亲恪尽孝道。他发挥陆王心学"人皆可以为尧舜"的理念，以天下为己任，始终以儒家伦理道德作为人生实践的参照系，即使在执法断案的过程中，也没有忘记这一点。他在对具体案件的处理过程中，一旦遇到疑难而一时不能公正判决时，这一思想表现就十分明显，"与其屈兄，宁屈其弟，与其屈叔伯，宁屈其侄。……事在争产业，与其屈小民，宁屈乡宦，以救弊也。事在争言貌，与其屈乡宦，宁屈小民，以存体也"。用这样的理念来执行法律，显然是与儒家的训示相符合，但却明显不符合今人所谓的法律公正、公平、正义之原则。而为了实现儒家提倡的"天下有道"，即使以身殉道也从容不迫，海瑞在上疏骂嘉靖皇帝时，就考虑到"自分必死"，但仍然是"谈笑自若"，符合儒家圣贤主张的成仁取义的理念。

正是在儒家思想的熏染下，海瑞对国家、朝廷而言，是一个忠臣，对父母而言则是一个孝子。海瑞自幼丧父，一直在母亲的教育与关怀下成长，所以对母亲始终有一种厚重的爱。隆庆元年，海瑞刚上任尚宝司司丞，就上《乞终养疏》，叙说母亲一生与自己相依为命的艰辛历程，每到一处任职，"母皆随禄就养"。在北京任职期间，母亲担心天寒，只好回家乡调养。当时已78岁的老母亲得知海瑞上《平安疏》，"风闻臣罪必诛"，病情骤然加重，"母思子悬心天涯之北，子思母悬心天涯之南，忧思衰病，百端攻心"，请求皇帝批准自己返琼山终养老母。海瑞刚毅正直的秉性，与他母亲坚强性格的遗传有极大关联。海瑞母亲也是长期受到儒家文化的陶冶，海瑞婚姻生活的不幸，可能大多是他母亲一手制造的结果。当海瑞母亲已经度过80岁寿辰的时候，朝廷给他母亲只是加封了四品恭人的头衔，始终没有给老母亲另外一种应得的荣誉，即旌表其母亲为节妇，"太夫人苦节，因当道忌公，不为旌表"，其中的原因可能正是因为她的个性过强，以致海瑞两度离婚。后来，海瑞的一妻一妾在南京莫名其妙地接连死去，据说他母亲也有不可推卸的责任。海瑞对母亲的言听计从，显然符合儒家文化鼓吹的典型孝子形象。

然而，海瑞对孩子和妻子来说，可能是一个不称职的父亲和丈夫。

正气凛然

海瑞

明人姚叔祥《见织编》记载了海瑞杀女的故事。海瑞家里清贫，他有一个5岁的女儿，有一天女儿正在吃一块饼，海瑞就问女儿饼是谁给的，女儿回答说是家中男僮给的。海瑞听后大怒道：好女孩怎么能随便接受男僮的饼呢？你不是我的女儿！你要是能立即饿死，才配作我的女儿。女儿于是哭着开始绝食，除了海瑞之外，"家人百计进食"，都被女儿拒绝。七天后，这个不谙世事的小女孩终于被饿死了。俗话说："虎毒不食儿"，海瑞这样做当然是受儒家"男女授受不亲""饿死事小，失节事大"的观念影响。海瑞饿死女儿的背后，还隐藏着严重的重男轻女思想。海瑞婚姻的几次无端变故就与此有关，明人梁云龙《海忠介公行状》记载，海瑞第一个妻子许氏因生了两个女儿，就被海瑞和母亲休了。许氏与海瑞离婚后，还曾就嫁妆问题到官府状告过海瑞。第二个妻子潘氏刚结婚不到一个月，又被海瑞莫名其妙地休了。第三个妻子王氏，给海瑞生了两个儿子一个女儿。两个儿子于海瑞在北京坐牢时，因受惊吓而死。海瑞还娶了邱氏、韩氏两个妾，其中邱氏还为海瑞生了一个儿子，孩子在3岁时也死了。隆庆二年王氏与韩氏在南京七日内双亡。海瑞婚姻家庭问题的扑朔迷离，一直是反对派攻击他的重要口实之一，戴凤翔在弹劾海瑞时就说他"妻妾相争，二人同日自缢"；房寰在弹劾海瑞时，更是捏造海瑞"居家九娶而易其妻，无故而缢其女"，甚至用最恶毒的语言谩骂海瑞家庭生活的不幸是上天对海瑞的惩罚。

海瑞重男轻女的思想不仅仅限于家庭内部，也被海瑞带到了实际的工作之中。他在淳安知具任内颁布的《禁约》中就坚决反对妇女私自外出参加社会活动，规定"各地方凡有赶唱妇人到"，地方胥吏一旦发现就要立即锁拿，扭送到县衙门，经过教育后，由胥吏押送回家。实际上，明中叶以后，妇女外出已经相当频繁，很多行业都有妇女劳作的身影，海瑞对此表现得十分恐慌，显然不符合时代的现实要求。他在《孟子为贫而仕议》一文中一再强调士农工商"皆男子事也"，女人只能限

于家庭内部活动。为了"严肃闺门"，他还专门作《禁妇女买卖行走约》，中心内容就是所有的买卖都应该由男子承担，"妇女止做门内工，不外出"，这一思想观念与传统儒家强调的"男主外，女主内"完全吻合。隆庆四年初，海瑞罢官，满朝文武大臣对此保持可怕的沉默，他公开大骂群臣："今举朝之士，皆妇人也。"此言此语再次表达了他轻视妇女的思想。海瑞对待女性的言行，无疑具有很大的时代局限性，但又表明了海瑞对儒家说教的虔诚信仰。

海瑞作为明代中后期著名的廉吏，在贪官污吏横行的官场上，他严格执法、刚正不阿、廉洁自律，不徇私情、勤政爱民，打击豪强地主，敢于舍身求法、敢于为民请命的优秀精神品质，直到今天对我们都有重要的借鉴价值。海瑞已经融进了中国人民的历史记忆中，成为中华民族宝贵的精神财富。海瑞始终以国家安危和百姓冷暖为念，诚如他自己在《张事轩先生漫稿序》和《贺李东城荣奖序》中一再表达的那样，做官之道必须时刻牢记清、慎、勤的准则，同时要有"死一人、生千万人"的信念。他在任何时候都不卑不亢，绝不阿谀奉承任何高官，相反，他针砭时弊却从不看对方官阶之大小，即使是至高无上的皇帝，他也敢于以死净谏，充分体现了一种刚直不阿、以身殉道的精神。

海瑞是个备受关注的历史人物，了解历史上的海瑞并不难。《明史》中有《海瑞传》。今人对海瑞留下的文献进行了整理，出版了《海瑞集》上下两册。人们还通过文学艺术手段不断再现历史上海瑞的清廉正直形象，海瑞在人民心目中已成为正义的象征，老百姓对海瑞不断加以神化，吴淞地区民间传说的"要开吴淞江，除非海龙王"的民谣，意思是说只有海瑞才能疏通吴淞江。专门描写海瑞判案的小说《海刚峰先生居官公案》，万历以后也在官民之间流传，这些案件大都是虚构的故事，但反映的海瑞精神却是真实的。清代又出现章回小说《海公大红袍全传》和《海公小红袍全传》等。以海瑞为题材的戏曲，如《五彩舆》

《德政坊》《梁鸣凤》《生死牌》《海瑞背纤》《海公大红袍》等，始终是人们喜闻乐见的保留节目。1959年，毛泽东提倡共产党人应当学习海瑞一片忠诚而又刚直不阿、直言敢谏的精神。1960年历史学家吴晗写出京剧剧本《海瑞罢官》，由马连良、裘盛戎等名家出演。《海瑞罢官》成为1966年"文化大革命"开始的导火线，一时间，海瑞成了当代中国人最耳熟能详的历史人物之一。

学术界对海瑞的评价，要数美籍华人、著名历史学家黄仁宇最为出名，他在《万历十五年》一书中讨论了万历、申时行、张居正、海瑞、戚继光和李贽等六个历史人物，对海瑞的定性是"古怪的模范官僚"，认为海瑞从政20多年的生活，充满了各种各样的纠纷。他的信条和个性使他既被人尊重，也被人遗弃，但没有人按照他的榜样办事。海瑞以个人对抗强大的社会力量，他的不能成功已不待言而自明。那么在建设现代化的今天，海瑞的精神到底有哪些值得我们弘扬与学习呢？吴晗先生早年对海瑞精神的评判至今仍有十分重要的现实意义："我们肯定、歌颂他一生反对坏人坏事；肯定、歌颂他一生反对贪污，反对奢侈浪费，反对乡愿；我们肯定、歌颂他一生处处事事为百姓设想，为民谋利；我们肯定、歌颂他一生不向困难低头，百折不挠的斗争精神；我们肯定、歌颂他一生言行一致、里外如一的实践精神。这些品质，都是我们今天所需要学习和提倡的。"海瑞生活在明中叶以后社会道德日益沦落、风气渐趋败坏的时代，却能出淤泥而不染，以其高风亮节、志洁行清，屹立于天地间，立下了光照日月的政绩丰碑。海瑞的精神风貌，尤足以扶世道、救人心风俗于衰敝，历史虽不能重演，但精神却可以代代传承。人尽师海公，天下何事不可为哉？！天下何事不能为哉？！

海瑞逝世后，万历十七年（1589）二月，在海瑞家乡由钦差督造建成了海瑞墓，墓前有碑："皇明敕葬资善大夫南京都察院右都御史赠太子少保谥忠介海公之墓。"墓园门口有石碑，上书"粤东正气"四个大字。朝廷还下令在江浙、江西等地方建海瑞专祠，以方便人民对他进行春秋祭拜。琼州府城小北门外也建有海瑞专祠，与宋代苏轼、明代丘浚等祠，并称三公祠。海瑞墓现为国家级重点文物保护单位。海瑞墓在"文化大革命"期间遭到毁坏，墓中的海瑞尸骨被挖出，先是游街示众，最后在海口市中心广场被焚烧，如今的海瑞墓只是一座空坟而已。1982年海南地方政府在原址按照明代的样式重新修建了海瑞墓，辟为公园，每年阴历二月二十日为海瑞祭日，当地百姓都要到墓前祭祀他。在海瑞生活和工作过的地方，如今的人们仍然在缅怀海瑞的精神。

2005年福建南平市在制定该市文化事业"十一五"发展规划时，就有拟在夏道片区校园新区内修建海瑞祠的计划，并明确了责任，市教育局负责建设，市文化与出版局负责陈列、管理。

后世评价　拥护原因

明代万历年间，由于社会经济日趋发展，国内交通逐渐畅达，海外新技术新思潮也陆续有传进来的，因此在学风和文风上也起了不少变化，学者们不仅到处广泛结社讲学，在其著述方面也开拓了新的天地，例如品题当时的风云人物，批点一贯为儒林正宗视为小道的杂剧传奇，等等，都蔚成风气。这里主要谈谈李卓吾、陈眉公和汤显祖这三个人对海瑞的评论。他们都是万历年间极有影响的名流，而且也都批点过元杂剧《西厢记》，这真是一件巧事。就他们的学术思想和人品道德来说，当然各不相同，相提并论是不妥当的。李卓吾对历史人物和当时人物的要求很严格，一般的正统观念极强而实际上又毫无建树之辈，他都不屑

一顾，但他却为海瑞写了相当详细的传记，编进他所著的《续藏书》一书中，傅维麟《明书》中的《海瑞传》就是把李卓吾原作略加删削而成。《严州府志》等地方志的《人物志》或《名宦志》栏目中，也有全文选载李卓吾原作的。

李卓吾所写传记，对海瑞任淳安知县、户部主事、应天巡抚、南吏部侍郎诸任的政绩都有所歌颂。关于胡宗宪的公子路过淳安百般勒索，遭海瑞法办一事，却和其他文献的记载不一样，说不是胡宗宪的公子，而是其家僮。

此外，他在《寄答耿大中丞》一信中说："吾谓欲得扶世，须如海刚峰之悯世，方可称真扶世人矣！"对耿定向这样高度评价海瑞，同时也是对包括耿定向在内的在朝诸公的斥责，又说明了他自己同海瑞在思想上的联系。此信保存于《李氏焚书》卷一之中。

陈眉公是松江府华亭县（今上海市松江县）人，海瑞于隆庆年间出任应天巡抚时，松江府正在海瑞管辖之下，所有减免赋税、兴修水利等措施，陈眉公都直接或间接受惠不浅。当时在吴淞江（今苏州河）畔，有人兴修了供奉海瑞的祠庙，陈眉公为之写了《海忠介公祠记》，对海瑞兴修吴淞江、白茆河等处的水利工程，做了全面的肯定，说"于是高乡旱田悉成腴壤，所救沟中瘠且百万计"。这一句话出于陈眉公之口很不简单，因为海瑞所受的阻力很大，大地主大官僚们之所以反对海瑞开浚吴淞江，原因之一就是怕海瑞实行以工代赈的办法，怕饥民一旦集合成群就要闹事，他们宁可让饥民活活饿死，认为如此反而安全。陈眉公此人所作所为并不都是光彩的，被人们视为大地主大官僚的帮闲，也有一定的根据。但是对于这件事，他能主持公论，同时也肯定了以工代赈的办法。此举当然得罪了大地主大官僚们，但他并不顾虑而秉笔直书，可谓难能可贵。

明末崇祯年间，陈眉公作为松江的著名文学家而被聘与袁贞吉等

人主修《松江府志》，就把那一篇《海忠介公祠记》收入卷之二十《祠祀》中。这一部由陈眉公等主修的《松江府志》对海瑞的立论相当公允，并没有把一切都归功于海瑞，也歌颂了海瑞的前任吕光洵，说吕光洵在任时已画了地图，准备动工，但没有能实现。"海刚峰来，遂一力开浚。隆庆四年五年皆有大水，不至病农，即吴淞江之力，而实吕之议也"。这一段记载，见之于卷之三十二《国朝名宦》。

此外在卷之五《水》、卷之十八《水利》两处，也不胜感慨地说到后来官府重视不够，那些沟渠堤坝失修而"渐成平陆矣"！对于海瑞反而因此受谤去官的原因，《松江府志》摘引了巡按御史吴从宪为海瑞辩白的奏疏中所说："瑞志切匡时，祸患不顾，心急忧民，嫌疑不惜，注厝施为，出人情意料之外。"这些话，也是中肯而公允的。

汤显祖是江西临川人，临川并不在应天十府范围之内，但当海瑞和汤显祖共同的对立面张居正垮台之后，这两个人曾有一短暂时期同在南京。

当时海瑞是高级官员，先后在南京任南都御史、南吏部侍郎等职，汤显祖还是刚考上进士不久的才气横溢的书生，在南京太常寺供职。他们是否见过面，现在无确凿记载可以查核。但是龙宗武、沈思孝筹人既是海瑞的友好，也是汤显祖的知交，则无疑问。汤显祖的好友顾允成、诸寿贤、彭遵古等都是坚决支持海瑞的，当房寰诸人围攻海瑞时，顾允成等三位观政进士便出来仗义执言了。

多年之后，汤显祖在《答门人吴芳台舶使》一信中还说："海刚峰在南，尽裁官吏费，共至二千余，不佞见而知之。"愿以亲眼看见的事实负责证实海瑞的清正廉明，态度是很鲜明的。明代万历朝的名流之辈中，也有对海瑞不无微词的，如何良俊就总认为海瑞矫激不近人情，如王世贞，在《嘉靖以来内阁首辅传》中偏袒徐阶而苛求海瑞，并写了《直中丞》一诗，讥笑海瑞只凭丹心办事不考虑客观效果。何良俊和王

正气凛然

海瑞

世贞都是富联阡陌的大地主，海瑞的政策损害了他们的利益，他们当然难免怀恨在心，这毫不为怪。

海瑞一生之中每一个时期的主要活动我们已经在前面做过介绍，从中也发现很多共通之点：他在福建南平做教谕时建议改革驿传，在浙江淳安做知县时清丈土地改革均徭，在江西兴国做知县时执行一条鞭法，并裁减冗官。在江南任应天巡抚时大力推行一条鞭法，请求折缴秋粮。在琼山家居时反对秋粮将收时清丈田地而损坏稻谷，最后任南吏部侍郎时禁止衙门票取商人货物。这一系列的行动都是从维护封建王朝的法治，保证国家田赋收入出发，客观上也减轻了农民、小地主和一般市民的过重负担，而且这些行动都有了不同程度的效果，因此农民和一般市民拥戴他歌颂他是可以理解的。因为海瑞力求减轻农民、小地主和一般市民的过重负担，这就使得海瑞常常和在朝在野的大地主、大官员处在对立的地位，他以知县的身份对抗过都御史鄢懋卿和致仕尚书张鏊，以户部主事的身份抨击过嘉靖皇帝朱厚熜的昏聩失政，以应天巡抚的身份勒迫告老首辅徐阶退还侵夺的民田，基本上都是以卑抗尊而获得胜利的。因此，农民、小地主和一般市民不仅是拥戴他歌颂他，而且是把海瑞看成英雄人物的。

海瑞之所以能在这些斗争中获得胜利，嘉靖之所以想杀他而终于未敢下手，都是因为海瑞的斗争不是孤立的，他的斗争在客观上既然保护了某些自耕农、小地主、一般市民的利益，这些阶级和阶层及其领袖人物便出来支持他。海瑞晚年和房寰的纷争中，卷入了诸寿贤、彭遵古、顾允成、沈思孝、徐常吉、张鼎思等许多书生和官员，直到房寰被撤职，纷争才告平息，这就是一个相当典型的事例。

对于封建王朝，海瑞始终是维护的，他的上疏抨击嘉靖，固然反映了农民、小地主、一般市民对朝廷的不满，同时也是为摇摇欲坠的明朝统治设想缓和矛盾挽救危局的办法。作为一个忠臣，他在被下诏狱死在旦夕时也没有反抗的想法。虽然他在政治上处于逆境时，发生过"万求一济，何益何益""况天下事只如此而已，不去何为"等诸如此类的感慨，但是，一有任何出仕的机会，他是绝不放弃的。对于违法乡官大地主的斗争，也有着类似的地方，他任应天巡抚时勒令徐阶退还侵夺的民田，照《明律》上说，这是无一丝一毫可以非议的事。然而他在给李春芳的信中竟说："若不还之过半，民风刁险，可得而止之耶！"又说："区区欲存翁退产过半，为此公百年后得安静计也。"那么海瑞之所以勒令徐阶退田，显然是惧怕"刁险"的"民风"，发展到极点时就会像堤防一样溃决，因此感到非加以缓和一下不可。

海瑞虽然做过监察御史，而他的寡母和他自己的田产却只有十余亩，应该是小地主家庭，再加上幼年时期的贫苦生活，使他有机会接近社会的中下层，因而了解到民间的疾苦，这对于海瑞一生的发展都有一定的影响。当海瑞自己成为一个显赫人物以后，他能够经常保持小地主或一般市民的立场来观察问题，因此在某些问题上也就比较客观比较深刻。例如他说："游惰之民，君子之所不齿也，世咸以为异端游手目之，而不知儒生贵族特甚。"又说："已而交与益众，更历既多，乃知我辈出没予声色货利之场，不得已奔走于富贵利达之际，老死不休，蚁之附腥膻，蛾之投爝火，无以异也，视市井辈反为过之。"这些话绝不可能出于封建统治的一般显赫人物之口，而出于海瑞之口，这是历史人物海瑞出众之处。

海瑞与张居正在推行一条鞭法、兴修水利以增农业生产、加强武备御倭寇等重大的政策方针方面有很多的共同之处，但他们之间仍旧存在着矛盾，原因在海瑞不满张居正勾结冯保、玩弄夺情阴谋、压制朝野舆论、为儿子在科场中通关节等卑劣手段，而且通过写信给吕调阳、替沈恩孝写《借山亭记》等行动，把这种不满的情绪表示了出来。张居正本来惮惧海瑞的刚直，发生了这些事件以后，他对海瑞更具戒心，因此千

方百计阻挠海瑞的出山。人民群众对张居正那些卑劣手段也不满，而海瑞说的话正好替他们吐了喉中的骨鲠，这也是人民群众拥戴海瑞的原因之一。

当时极端保守的势力也和张居正有矛盾，他们是反对张居正在政治上的革新，和海瑞对张居正的不满是两件事。海瑞说过张居正"工于谋国，拙于谋身"的话，充分说明了他对张居正的评价以及他们之间矛盾的性质。

海瑞晚年出山时，代表大地主集团利益的申时行掌握了朝政，他虽然没有能像张居正那样阻止住海瑞的出山，却釜底抽薪，不让海瑞获得实权。在房寰事件的纷争中，站在海瑞这方面的如顾允成、沈思孝等都是代表了小地主与市民利益的，后来成了东林党人。海瑞逝世，主张谥以"忠介"的礼部郎中于孔兼，后来也成了东林党人。东林党人曾樱、邹元标分别为海瑞编刻文集与撰写序文，这是因为一方面海瑞的政治主张和他们有接近之处，另一方面也是东林党的一种策略，用海瑞来加强他们对抗大地主集团的力量。这样，东林党人基本上都是海瑞的支持者、歌颂者，也扩大了海瑞原来在人民群众之中的影响。

我们应该肯定海瑞对当时的社会生产力是起了积极作用的，尤其是他推行一条鞭法，制止了大地主、大官员们伪造图籍，使农民和小地主们的负担得以减轻，并有余力来继续生产发展生产，这样便不再有大规模的逃亡和抛荒的情况出现。固然海瑞所有的政治设施不可能是尽善尽美的，而且也容易发生人在政在人去政亡的情况，较好的制度根本难以被长期保存下来，或者虽然保存了下来，却变了质，这些都是历史条件所决定的，海瑞不能负责。例如光绪《贵池县志》说："先是郡邑供应皆里甲，民甚苦之，海中丞更为条编，诚善，有司不能奉行，岁增赋若干，名曰公费。代里甲而输年，犹役于官，故江南有两条编之谣。"又说："郑三俊与王建和《言池州利弊书》略曰：自海中丞立条编，罢里

甲，江南之民得生。后贪官蠹胥，巧立名目，条编之旧，终不可复。"这就说得明确，海瑞把各种赋税合并成一种赋税的条编法，是减轻老百姓负担的好办法。当然后来有些贪官又巧立"公费"等名目，在条编之外，再增收赋税或派徭役，老百姓负担又加重了，这种情况，也是有的，而人们则往往因之更加怀念海瑞。有人认为"实行一条鞭法"的最终目的还是怎样更可靠地、更便利地和更多地从农民身上掠取财富而已，这个提法上显然是很偏的，我们绝不能从明朝中央政府在实行一条鞭法以后，财政上收入有所增加这一点来断定农民的负担是增加了，因为所增加的收入中显然包括本来逃避了赋役的大地主大官员们所缴纳的银两和谷物，简化赋役和官收官解也必然限制了贪污。官员们的巨额贪污虽然不列入中央政府的收入，但在农民、小地主来说往往所负担的数字还超过赋役负担的实际数字。这个问题一定要说明白，否则的话，人们就会把一条鞭法的推行，看作没有多大意义了。

　　海瑞生于距今四百多年的16世纪，他的政治地位是一个封建王朝的高级官员，他的进步也不可能不带着某些局限性。虽然他的许多政治设施保护了自耕农、小地主和一般市民的利益，但从缓和阶级矛盾这个意义来说，实际上这些设施和政见也是符合当时封建统治阶级的利益的。海瑞的忠君思想始终根深蒂固，他对道学的维护也并未因为受到王阳明学说的影响而有所转变，海瑞被人认为矫枉过正和不近人情也不是全无根据的。但是这些都不妨碍海瑞成为一个卓越的政治家，我们不能以今人的思想来要求生在四百多年以前的海瑞，我们只能根据海瑞所处的具体的历史时代来评价他当时所起的作用。

　　他一生主张说真话，反对说假话，甚至认为说真话是做人最根本的信条，所以在《治安疏》里，第一句话便是"直言天下第一事"。并且提倡"美曰美，不一毫虚美；过曰过，不一毫讳过"的实事求是的精神。他在历任地方官与京官时，大力平反、清理冤狱，也是从这

种实事求是的精神出发的。大力平反、清理冤狱不是简单的事，难免要得罪前任官员或其他显要，在这一点上，他也从不顾虑，所以深得人心。

中国古代人民心目中的海瑞是作为正义的象征来对待的，曾被称为"铁汉"，这是因为铁面无私的精神比任何进步的政治主张或政治设施更容易被人感受。就在当时，已经流传了关于他的神话化的传说，例如他开吴淞江时，就有人把"要开吴淞江，除非海龙王"的"海龙王"解释成为就是指的海瑞。据说万历年间北京捉到了一个为御花园作祟的木妖神，"上历举诸大臣名皆不惧，惟云：'送南京海瑞处'，则无声"。至于专门描写海瑞的小说有李春芳编撰的《海忠介公居官公案》，此书虽是明代万历刻本，但内容却比较怪诞，无非《玉蟾救主》《乌鸦鸣冤》之类，全书记录七十一个案件，以在淳安县知县任上所审案件为主，和天启梁氏刻十二卷本《海忠介公全集》所收录的许多案卷相对照，竟没有一个案件相同，看来都是虚构的。

序文中说海瑞"决狱惟明，口碑载道"，因此"人莫不喜谭之，时有好事者，以耳目所睹，即其历官所案，为之传其颠末"，也并未证明确有其事，但颇能说明海瑞去世前后民间已广泛流传其故事，并且把这一人物加以神化了。此书前面有《海忠介公全传》，把海瑞的母亲谢氏说成杨氏，把海瑞的侍妾丘氏说成是夫人，说海瑞曾任浙江台州府学教谕，把海瑞于万历十二年再度出山说成在万历七年等，有很多讹错。至于长篇章回小说，则有《海公大红袍》和《海公小红袍》两部。在传统剧目中，传奇有《朝阳风》《吉庆图》《忠义烈》《海瑞市棺》，京剧有《五彩舆》《德政坊》和《梁鸣凤》，都是篇幅很大，可以连演多天的本戏，地方戏则以和剧《九龙厅》、福建高甲戏《海瑞回番书》、潮剧《刘明珠》、河北梆子《算粮打差》与温州乱弹《海瑞算粮》最为出名。专门描写海瑞的长篇弹词有《福寿大红袍》《海公大红袍》以及包括《玉蟆龙》《白梅亭》《美人坊》《忠孝缘》《满堂荣》《桃花旮》等作品在内的《说唱海公奇案》。这一切都说明海瑞这个历史人物在民间有着深厚而广泛的影响，和包拯一样，都是中国古代历史上的正义的象征。

正气凛然

海瑞

生平简介　大事年表

明武宗正德八年（1513）十二月二十七日（1514年1月22日），出生于广东省琼州府琼山县（今海南省琼山市）。

海瑞是一个实干家，他的一生没有什么理论著作，他的著述都是为了解决工作中的具体问题而撰写的，所以目的性很强，地方性很强，时间性也很强。了解他的作品，对了解海瑞是十分有帮助的。

明正德十一年，4岁，父亲病故。母亲对海瑞进行启蒙教育。

明世宗嘉靖元年（1522），10岁，在琼山。

嘉靖五年，14岁，入琼山私塾读书，立志"学做圣贤"。

嘉靖十九年，28岁，在琼山郡学就读，撰写《严师教戒》等文，自号刚峰。

嘉靖二十三年，32岁，在琼山读书，作《乐耕亭记》，强调劳有所得的快乐。

嘉靖二十五年，34岁，广东督学到琼山视察学校，海瑞言谈举止受到赞赏。

海瑞在36岁前，主要在郡学读书。这个时期，他有四篇著作：《严师教戒》《客位告辞》《训诸子说》《乐耕亭记》。这四篇文章都是海瑞对自己和同学提出的勉励，树立了"必为圣贤，不为乡愿"的人生目标，以及关心民生、绝不碌碌无为的人生志向。这四篇文章成为了海瑞一生待人处事的基石。

嘉靖二十八年，37岁，八月，赴广州参加乡试，成为举人。《治黎策》被传诵一时。

嘉靖二十九年，38岁，二月，进京参加科举会试。上《平黎疏》，会试落选。

36岁至37岁（1549—1550），海瑞分别参加了科举的乡试和会试，在乡试中写了《治黎策》，在会试中写了《平黎疏》。这两篇文章写的都是有关海南黎族人民的切身大事，在表达了他对父老乡亲的关心的同时，亦显露出了海瑞政治智慧的锋芒。

嘉靖三十二年，41岁，二月，再次进京参加会试考试，再次落第。闰三月，接受吏部授福建南平县儒学教谕的任命。年底到任，撰《教约》16条。

嘉靖三十三年，42岁，延平府督学到南平县儒学视察，在明伦堂召见教官，左右教官跪拜，海瑞长揖，博得"山字笔架"雅号。

嘉靖三十四年，43岁，关心驿政，撰《驿传申文》等，敦促裁革驿传之弊。

嘉靖三十五年，44岁，海瑞长子在南平出生，取名"中砥"。

嘉靖三十六年，45岁，任南平教谕。

他到南平当教谕，即40岁到44岁（1553—1557），共四年的时间。在这期间，结合从事教育工作的需要，海瑞制定了《教约》，对学校的老师和学生提出了十分具体的要求。

嘉靖三十七年，46岁，春，升为浙江严州府淳安县知县。五月上任，旋颁布《兴革条例》。次子中亮出生。

嘉靖三十八年，47岁，在淳安县知县任上，作《教官参评》，为教官定位。

嘉靖三十九年，48岁，以淳安知县身份和都御史鄢懋卿相抗争，有《禀鄢都院揭帖》传世。

嘉靖四十年，49岁，因公开对抗鄢懋卿，鄢暗中指使人弹劾海瑞，

正气凛然

海瑞

赴京接受考核。作《知县参评》。

嘉靖四十一年，50岁，在淳安知县任上编辑《淳安政事稿》三卷。十二月，升嘉兴府通判，因鄢懋卿等阻挠，改调江西兴国县知县。

嘉靖四十二年，51岁，上任兴国县知县，颁发《兴国八议》，革除积弊，造福地方。

45岁至51岁（1558—1564），海瑞先后任南平县和兴国县知县。任上，他写了《稿引》，表明了自己学习和写作的态度。接着，他又写了《淳安县政事序》，申明勤政为民的主张。为了整顿淳安县混乱的行政管理，他制定了《兴革条例》，又写了《兴国县政事》。后者是海瑞在兴国县中的施政纲领，从八个方面提出了对兴国县进行政治、经济改革的设想。他还写了一系列对各类官员做出具体要求的《参评》，和他亲自处理案件的《参语》。另外，《申军门吴尧山便宜六事文》是海瑞就治理兴国县的问题，从六个方面向南、赣都御史吴尧山征求意见。此外，海瑞还留下了不少工作手记和心得，并利用工余时间，亲手把这些文章编成了《淳安政事稿》共31卷，又编成《淳安稿》一卷。

嘉靖四十三年，52岁，在兴国知县任上，严惩原兵部尚书张鏊的侄子张豹、张魁。十月，升户部云南司主事，带仆从北上。

52岁，海瑞被调进京城，在户部任职。刚到任不久，他即撰写了震惊朝野的《治安疏》。这篇疏文，充分表现了他忧国忧民、敢于赴汤蹈火、置个人生死于度外的刚强性格。

嘉靖四十四年，53岁，赴北京上任户部云南司主事。十月，上《治安疏》，直陈嘉靖罪过，因此被捕入狱。

嘉靖四十五年，54岁，在京师下诏狱之中。长子中砥、次子中亮因父之事受到惊吓，相继殇逝。十二月，嘉靖驾崩，明穆宗即位，释放海瑞。

明穆宗隆庆元年（1567），55岁，在北京任兵部武库司主事。正月，升为尚宝司司丞。上《乞终养疏》，请求返琼山终养母亲。四月，升为大理寺右寺丞。七月，转为左寺丞。参与朝廷内阁争斗，上疏誉徐阶贬高拱。十一月，升为南京通政司右通政。本年，朝廷敕封海瑞父亲海瀚为中宪大夫，母谢氏为四品恭人。

隆庆二年，56岁，任南京通政司右通政。七月，妻王氏、妾韩氏在七日内相继亡故。本年，海瑞自编并刻印《备忘集》二卷。

隆庆三年，57岁，春，调任通政司右通政使提督誉黄。北上京师履新，其母返回海南。六月，升都察院右佥都御史，总督粮储、提督军务、巡抚应天。制定《督抚条约》。十二月，勒令吴淞地区乡官退还侵夺民田，平反冤狱。

55岁，海瑞调任南京通政司右通政使。在这一年里，他亲自把自己近几年的文章编成《备忘集》共两卷。56岁至57岁（1569—1570），海瑞升任右佥都御使总督粮储巡抚应天十府，他十分希望把自己管治的这一大片区域建设成政治清廉、经济发达、人民安居乐业的地方。为此，他认真制定了《督抚条约》及各类"册式"，这个条约和"册式"成为各级官员办事、行政的准则和依据。后来，应天府发生了严重的水灾，海瑞即写了《开吴淞江疏》和《开白茆河疏》，争取到朝廷对治水工作的支持。这期间，海瑞一方面承担着巨大的水利工程及赈灾救灾工作，另一方面又要应付来自各方的攻击和诽谤，他已经心力交瘁，独力难支了，于是向朝廷呈送了《自陈不职疏》和《告养病疏》，不得不告病还乡，离开政坛。

隆庆四年，58岁，在应天巡抚任内，疏浚吴淞江、白茆河，造福地方百姓。高拱重新复出，任阁臣兼吏部尚书，戴凤翔等极力弹劾海瑞，海瑞旋被罢官。四月下旬，海瑞返乡。

隆庆五年，59岁，闲居琼山，对家乡吏治献计献策。

正气凛然

海瑞

　　明神宗万历元年（1573），61岁，在琼山闲居，上疏直言张居正托子会试事，遭张居正忌恨。

　　万历三年，63岁，母亲谢氏去世。得友人捐助钱财，按古礼安葬母亲。

　　万历五年，65岁，九月，内阁首辅张居正父亲去世。张居正"夺情"主政，朝野议论纷纷。南方流传海瑞弹劾张居正"夺情"疏，张居正明知系伪托，但忌恨海瑞，阻挠海瑞复官。

　　万历六年，66岁，关心琼山清丈，草拟"则例"，绘制图样，向地方官进言。

　　万历九年，69岁，自刻《续备忘集》二卷。应人要求，撰写了一系列的应景文章。

　　万历十年，70岁，六月，内阁首辅张居正卒。张居正当政时，曾派特务到海南暗查海瑞的言行举止。

　　从58岁开始，至71岁，前后共十多年的时间。海瑞虽然因身体疲劳及奸臣陷害而被迫辞官回家，但他却一直关心着国家，关心着人民，对不正之风始终进行着不屈不挠的斗争。当他知道张居正为了儿子的科举，企图贿赂吕调阳时，他写了《与吕调阳书》，劝说吕调阳拒绝张居正的要求。当他知道有海盗威胁定安、临高一带百姓的生命财产时，他当即写了《启殷石汀两广军门》，提醒当地驻军要加强防范，并提出了具体的防卫建议。当知道文昌县令罗近云及临高县令陈节在清丈田亩的工作中做出成绩时，他又兴奋地写了《赠罗近云代丈定安田序》《贻临高尹陈侯丈田成功序》，对他们的工作表示了赞赏。

　　海瑞63岁时，母亲去世，不少文人墨客、知己好友纷纷写诗、撰文表示哀悼。海瑞亲手把这些诗文整理，编辑成《贞节卷》，表达对母亲深切的哀念。

　　68岁，海瑞又把自己出任兴国县知县以来十多年的奏疏、杂文、书信等文稿，编成《续淳安稿》二卷。

71岁，海瑞垂暮之年，朝廷再次起用他。他不顾自己已年老体弱，对所属各部门作了深入的调查，制定了旨在减轻百姓负担的《禁革积弊告示》《夫差册》等。

万历十二年，72岁，十二月，在不少官员的上疏请求下，朝廷终于起用海瑞，吏部拟海瑞为通政司左通政使。

万历十三年，73岁，正月，海瑞任南京都察院右佥都御史，旋改为南京吏部右侍郎，五月到任。时吏部尚书丘橓未到职，海瑞权署吏部事，公布《禁革积弊告示》，整顿吏治。

万历十四年，74岁，升任南京都察院右都御史，制定《夫差册》。梅鹍祚、房寰等人弹劾海瑞。海瑞屡上乞休疏，俱不得允。

万历十五年，75岁，入秋，海瑞病重，不愿服药。十月，卒于南京都察院右都御史任上。

72岁，海瑞仍然心怀朝政，向朝廷呈送了《一日治安策》，可惜这篇文章我们今天已看不到了。

另外，他还十分关心宋代元祐年间的党争，又对庆元党人做了认真的考证，撰写了《元祐党籍碑考》和《庆元伪学逆党籍》。至于海瑞平时学习圣贤的心得体会，则有《论》一卷及《四书讲义》一卷。

海瑞去世后，他的著述很多都散失了。到清康熙时，他的六世孙海廷芳把收集到的文字，以《备忘集》的名称重新编订出版。

自此，海瑞的文字才得到较好的保存。

附　　录

治安疏

海 瑞

户部云南清吏司主事臣海瑞谨奏：为直言天下第一事，以正君道、明臣职，求万世治安事：君者，天下臣民万物之主也。惟其为天下臣民万物之主，责任至重。凡民生利病，一有所不宜，将有所不称其任。是故事君之道宜无不备，而以其责寄臣工，使之尽言焉。臣工尽言，而君道斯称矣。昔之务为容悦，阿谀曲从，致使灾祸隔绝、主上不闻者，无足言矣。

过为计者则又曰："君子危明主，忧治世。"夫世则治矣，以不治忧之；主则明矣，以不明危之：无乃使之反求眩瞀，莫知趋舍矣乎！非通论也。

臣受国厚恩矣，请执有犯无隐之义，美曰美，不一毫虚美；过曰过，不一毫讳过。不为悦谀，不暇过计，谨披沥肝胆为陛下言之。

汉贾谊陈政事于文帝曰："进言者皆曰：天下已安已治矣，臣独以为未也。曰安且治者，非愚则谀。"夫文帝，汉贤君也，贾谊非苛责备也。文帝性颇仁柔，慈恕恭俭，虽有爱民之美，优游退逊、尚多怠废之政。不究其弊所不免，概以安且治当之，愚也。不究其才所不能，概以政之安且治颂之，谀也。

陛下自视，于汉文帝何如？陛下天资英断，睿识绝人，可为尧、舜，可为禹、汤、文、武，下之如汉宣之厉精，光武之大度，唐太宗之英武无敌，宪宗之志平僭乱，宋仁宗之仁恕，举一节可取者，陛下优为之。即位初年，铲除积弊，焕然与天下更始。举其大概：箴敬一以养心，定冠履以定分，除圣贤土木之象，夺宦官内外之权，元世祖毁不与

正气凛然

海瑞

祀，祀孔子推及所生。天下忻忻，以大有作为仰之。识者谓辅相得人，太平指日可期，非虚语也，高汉文帝远甚。然文帝能充其仁恕之性，节用爱人，吕祖谦称其能尽人之才力，诚是也。一时天下虽未可尽以治安予之，然贯朽粟陈，民物康阜，三代后称贤君焉。

陛下则锐精未久，妄念牵之而去矣。反刚明而错用之，谓长生可得，而一意玄修。富有四海不曰民之脂膏在是也，而侈兴土木。二十余年不视朝，纲纪弛矣。数行推广事例，名爵滥矣。二王不相见，人以为薄于父子。以猜疑诽谤戮辱臣下，人以为薄于君臣。乐西苑而不返宫，人以为薄于夫妇。天下吏贪将弱，民不聊生，水旱靡时，盗贼滋炽。自陛下登极初年亦有这，而未甚也。今赋役增常，万方则效。陛下破产礼佛日甚，室如县罄，十余年来极矣。天下因即陛下改元之号而臆之曰："嘉靖者言家家皆净而无财用也。"

迩者，严嵩罢相，世蕃极刑，差快人意一时称清时焉。然严嵩罢相之后，犹之严嵩未相之先而已，非大清明世界也。不及汉文帝远甚。天下之人不直陛下久矣，内外臣工之所知也。知之，不可谓愚。《诗》去："衮职有阙，惟仲山甫补之。"今日所赖以弼棐匡救，格非而归之正，诸臣责也。夫圣人岂绝无过举哉？古者设官，亮采惠畴足矣，不必责之以谏。保氏掌谏王恶，不必设也。木绳金砺，圣贤不必言之也，乃修斋建醮，相率进香，天桃天药，相率表贺。建兴宫室，工部极力经营；取香觅宝，户部差求四出。陛下误举，诸臣误顺，无一人为陛下正言焉。都俞吁咈之风，陈善闭邪之义，邈无闻矣；谀之甚也。然愧心馁气，退有后言，以从陛下；昧没本心，以歌颂陛下，欺君之罪何如？

夫天下者，陛下之家也，人未有不顾其家者。内外臣工有官守、有言责，皆所以奠陛下之家而磐石之也。一意玄修，是陛下心之惑也。过于苛断，是陛下情之伪也。而谓陛下不顾其家，人情乎？诸臣顾身家以保一官，多以欺败，以赃败，不事事败，有不足以当陛下之心者。其不

然者，君心臣心偶不相值也，遂谓陛下为贱薄臣工。诸臣正心之学微，所言或不免己私，或失详审，诚如胡寅扰乱政事之说，有不足以当陛下之心者。其不然者，君意臣意偶不相值也，遂谓陛下为是己拒谏。执陛下一二事不当之形迹，亿陛下千百事之尽然，陷陛下误终不复，诸臣欺君之罪大矣。《记》曰："上人疑则百姓惑，下难知则君长劳。"今日之谓也。

为身家心与惧心合，臣职不明，臣以一二事形迹既为诸臣解之矣。求长生心与惑心合，有辞于臣，君道不正，臣请再为陛下开之。

陛下之误多矣，大端在修醮。修醮所以求长生也。自古圣贤止说修身立命，止说顺受其正。盖天地赋予于人而为性命者，此尽之矣。尧、舜、禹、汤、文、武之君，圣之盛也，未能久世不终。下之，亦未见方外士自汉、唐、宋存至今日。使陛下得以访其术者陶仲文，陛下以师呼之，仲文则既死矣。仲文尚不能长生，而陛下独何求之？至谓天赐仙桃药丸，怪妄尤甚。伏羲氏王天下，龙马出河，因则其文以画八卦。禹治水时，神龟负文而列其背，因而第之，以成必畴。河图洛书实有此瑞物，以泄万古不传之秘。天不爱道而显之圣人，借圣人以开示天下，犹之日月星辰之布列，而历数成焉，非虚妄也。宋真宗获天书于乾佑山，孙奭谏曰："天何言哉？岂有书也？"桃必采而后得，药由人工捣以成者也。兹无因而至，桃药是有足而行耶？天赐之者，有手执而付之耶？陛下玄修多年矣，一无所得。至今日，左右奸人逆陛下玄修妄念，区区桃药之长生，理之所无，而玄修之无益可知矣。

陛下又将谓悬刑赏以督率臣下，分理有人，天下无不可治，而玄修无害矣乎？夫人幼而学，既无致君泽民异事之学，壮而行，亦无致君泽民殊用之心。《太甲》曰："有言逆于汝志，必求诸道，有言逊于汝志，必求诸非道。"言顺者之未必为道也。即近事观：严嵩有一不顺陛下者乎？昔为贪窃，今为逆本。梁材守道守官，陛下以为逆者也，历任

有声，官户部者以有守称之。虽近日严嵩抄没，百官有惕心焉，无用于积贿求迁，稍自洗涤。然严嵩罢相之后，犹严嵩未相之前而已。诸臣宁为严嵩之顺，不为梁材之执。今甚者贪求，未甚者挨日。见称于人者，亦廊庙山林交战热中，鹘突依违，苟举故事。洁己格物，任天下重，使社稷灵长终必赖之者，未见其人焉。得非有所牵制其心，未能纯然精白使然乎？陛下欲诸臣惟予行而莫违也，而责之以效忠；付之以翼为明听也，又欲其顺乎玄修土木之娱：是股肱耳目不为腹心卫也，而自为视听持行之用。有臣如仪、衍焉，可以成"得志与民由之"之业，无是理也。

陛下诚知玄修无益，臣之改行，民之效尤，天下之安与不安、治与不治由之，幡然悟悔，日视正朝，与宰辅、九卿、侍从、言官讲求天下利害，洗数十年君道之误，置其身于尧、舜、禹、汤、文、武之上，使其臣亦得洗数十年阿君之耻，置其身于皋陶、伊、傅之列，相为后先，明良喜起，都俞吁弗。内之宦官宫妾，外之光禄寺厨役，锦衣卫恩荫，诸衙门带俸，举凡无事而官者亦多矣。上之内仓内库，下之户、工部，光禄寺诸厂，段绢、粮料、珠定、器用、木材诸物，多而积于无用，用之非所宜用，亦多矣。诸臣必有为陛下言者。诸臣言之，陛下行之，此则在陛下一节省间而已。京师之一金，田野之百金也。一节省而国有余用，民有盖藏，不知其几也。而陛下何不为之？

官有职掌，先年职守之正、职守之全而未行之。今日职守之废、职守之苟且因循，不认真、不尽法而自以为是。敦本行以端士习，止上纳以清仕途，久任吏将以责成功，练选军士以免召募，驱缁黄游食以归四民，责府州县兼举富教使成礼俗，复屯盐本色以裕边储，均田赋丁差以苏困敝，举天下官之侵渔，将之怯懦，吏之为奸，刑之无少姑息焉。必世之仁，博厚高明悠远之业，诸臣必有陛下言者。诸臣言之，陛下行之，此则在陛下一振作间而已。一振作而诸废具举，百弊铲绝，唐、虞三代之治粲然复兴矣，而陛下何不行之？

节省之，振作之，又非有所劳于陛下也。九卿总其纲，百职分其任，抚按科道纠举肃清之于其间，陛下持大纲、稽治要而责成焉。劳于求贤，逸于任用如天运于上，而四时六气各得其序，恭己无为之道也。天地万物为一体，固有之性也。民物熙洽，熏为太和，而陛下性分中自有真乐矣。可以赞天地之化育，则可与天地参。道与天通，命由我立，而陛下性分中自有真寿矣。此理之所有者，可旋至而立有效者也。若夫服食不终之药，遥望轻举，理之所无者也。理之所无，而切切然散爵禄，竦精神，玄修求之，悬思凿想，系风捕影，终其身如斯而已矣，求之其可得乎？

夫君道不正，臣职不明，此天下第一事也。于此不言，更复何言？大臣持禄而外为谀，小臣畏罪而面为顺，陛下有不得知而改之行之者，臣每恨焉。是以昧死竭忠，惓惓为陛下言之。一反情易向之间，而天下之治与不治，民物之安与不安决焉，伏惟陛下留神，宗社幸甚，天下幸甚。臣不胜战栗恐惧之至，为此具本亲赍，谨具奏闻。

译 文

户部云南清吏司主事海瑞在这里上奏：为了匡正君道，明确臣下的职责，求得万世治安，我要直陈天下第一事。

国君是天下臣民万物的主人，正是因为是天下臣民万物之主，所以责任重大。如果民生措置失当，就是君主没有负起责任。所以臣子就应当尽量为君主服务，忠于职守，畅所欲言。臣子尽到了自己的责任，君主的责任也才算尽到了。以前那种专图讨好，曲意逢迎，不让君主听到实际情况的人，现在用不着说他们了。

危言耸听的人或许会说：君子总是想法多，即使遇到贤明的君主，

正气凛然

海瑞

政治清明的时代，也常常居安思危，忧虑重重，只怕反而让人思维混乱，搞不清方向。这种说法不符合现在的情况！

臣蒙受国恩，宁可直言得罪也不想说假话，好的就是好的，坏的就是坏的，一丝一毫都不敢隐瞒。我不为讨上面的欢心，也不计较得失，今天披沥肝胆，掏出真心，对陛下您说几句实话。

汉代名臣贾谊曾和文帝这样说："下面进言的人总是说：天下已经大治，臣独以为还没有。那些说天下已安已治的人，不是愚昧无知就是阿谀逢迎。"文帝算是汉代的贤君了，贾谊也不是对文帝要求过高。汉文帝的品质作风是好的，他有爱民的美德，为人也慈和俭朴，从容谦逊，但缺点在于游于玄老，不专事于政务，有许多政事都被耽误了，没有办好。假使臣下看不到这些弊病，一味认为天下已安已治，这就是愚昧无知。假使臣下看不到文帝的才能毕竟有限，一味用已安已治的话来歌颂他，这就是阿谀奉承。

陛下自视和汉文帝比较起来怎么样呢？陛下天资英断，睿识绝人，具有成为尧、舜、禹、汤、文、武这样的君王的潜力，陛下像汉宣帝一样做事努力认真，像光武帝一样为人大度，像唐太宗一样英武无敌，像唐宪宗一样能够消平各地藩镇叛乱，陛下还有宋仁宗的仁恕之德，总之像这些可取的优点，无论哪一项，您都是具有的。您即位初年，铲除积弊，明白宣示，同全国老百姓一道革新政事。举其大概吧：您作过一篇《敬一箴》，提倡规诫；改定了一些冠服制度，下令废除孔子庙里的塑像，只用木主；削弱了宦官的内外之权；将元世祖从历代帝王庙所祭牌位中剔除；在孔子庙兼祭孔子的父母。那时候天下人都很期待，认为您一定大有作为。有见识的人都认为：只要有好的臣子帮助，不需多久，天下就可太平，您一定比汉文帝要强得多。然而文帝能发扬仁恕之性，节约恭俭，体恤爱民，宋朝的吕祖谦说他善于用人，能尽人之才力。一时天下虽说不上已经大治，但国库充盈，连串钱的绳子都朽烂了，百姓安乐，财物丰足。大家公认他是夏、商、周三代以后的一位贤君。

陛下您立志要有作为，可是没过多久，就被杂乱的念头导引到别的地方去了。您把自己的刚强英明用到错误的地方，以为人真的能够长生不老，而一味地玄修。陛下富有四海，却不念及那都是民之脂膏，常常大兴土木，大修宫殿庙宇。陛下二十余年不上朝处理政务，导致纲纪松懈败坏。朝廷卖官买官，援用这种章程越来越滥，美其名曰推广事例，导致豪强四起，名爵泛滥。您专门和方士在一起炼丹，不与自己的儿子们相见，人们都以为您缺少父子之情。您常以猜疑诽谤戮辱臣下，人们都以为缺少君臣之礼。您整天待在西苑不回宫，人们都以为缺少夫妇之情。天下官吏贪污成风，军队弱小，水灾旱灾无时不有，民不聊生，导致流民暴乱像火烧一样，越来越盛。自陛下登基以来，前几年就这样，但还不严重，但是如今赋税徭役越来越重，各级官吏都效法朝廷，盘剥百姓无度。陛下花很多钱崇奉道教，十余年来已经做到极致了。因此，陛下改元号之时，天下人都猜想：这意思就是说"嘉靖者言家家皆净而无财用也"。

近来，严嵩罢相，严世蕃被处以极刑，勉强可以令人满意，一时人称天下清明。然而严嵩罢相以后的政事，不过和他做宰相以前差不多，也并不见得清明多少，陛下比汉文帝差远了。天下之人对您不满已经很久了，这内外臣工都知道。《诗经》上说"衮职有阙，惟仲山甫补之"，意思是说宣王不能完全尽职，仲山甫能从旁补救。今日以辅助、匡正来补救、纠正错误并使一切走入正轨，正是诸位臣下的职责所在。圣人也不能不犯错误，否则古代设官，只要他做官办事就够了，不必要求他们进言劝谏，也不必设谏官，更不必说木绳金砺这类的话了。陛下修宫殿，设坛祈祷，就让群臣竞相进献香物和仙桃仙药，叫臣子进表管贺。陛下要兴建宫室，工部就极力经营；陛下要取香觅宝，户部就派人到处索取。陛下举动有误，诸臣顺从得也没道理，竟没有一个人为陛下

正言。那种公开讨论对错、贡献良言，防止邪恶的做法，长久没有听到了，献媚的风气太甚。然而人们不敢直言，内心却不能不惭愧，气也不壮了，当面不敢说，却在背后议论是非，人们表面上顺从陛下，却把真心藏起来，这样为陛下歌功颂德，是多么大的欺君之罪？

如果您承认修道有害无益，那么臣子的转变，百姓的祸福，天下的安危都将由此而不同，所以您应当立即悔悟，每日上朝理政，与宰辅、九卿、侍从、言官一起言说天下利害，洗刷数十年君道之误，那样就能置身于尧、舜、禹、汤、文、武这样的明君之中，也使得臣下能够洗刷数十年谄媚君主之耻，让他们置身于皋陶、伊、傅这样的贤臣之列，君臣便可互相勉励、互相敬重。内廷中的宦官宫女，外廷中光禄寺厨房的仆役，锦衣卫中那些受惠于祖先恩荫的人，以及各个衙门里那些额外的冗员，无事可干而为官的人太多了。皇家的仓库里，户部、工部以及光禄寺等衙门里，缎、绢、粮料、珠宝、器物、木材等东西很多，堆积在那里也无用，用了也用的不是地方，白白浪费了很可惜。臣子们进谏，您采纳实行，对您说来只不过动一动节省的念头罢了。京师里的一块金子，到了田野百姓那里抵得上一百块金子用。您稍稍节省一点，国库便有余用，老百姓则有了储蓄，好处真不知有多少啊，而陛下为何不这样做呢？

今天官吏设置不全，办事因循苟且，敷衍塞责，不守法纪，却还自以为不错。应该督促遵守基本的道德来端正官员们的行为，停止用钱买官那一套来理清仕途；让文武官员安于其位，责成他们做出成绩来；平常就练选军士以免打仗了临时招募百姓；让那些吃白食的和尚道士回家，回到士、农、工、商的行业里；府州县地方官要生计和教化并重，树立好的礼俗规范；屯田、运盐应该恢复征收实物，来充实边防军队的储备；按地亩交粮，按人口应役，以便恢复老百姓的元气；检举天下官员的贪污勒索行为，让那些贪赃枉法的人心生怯懦，按照刑律处罚他

们，毫不宽容。如此一来，便是仁政，几十年之后才能收效，与天地并存的伟大功业便可成就了。这样的事由诸臣提议，陛下执行，也就在陛下一振作间而已。一振作而诸废具举，百弊铲绝，像唐、虞三代那样光明灿烂的大治便可复兴矣，而陛下为什么不实行呢？

陛下只要稍事节省和振作就行了，又不是要您多么劳心劳神。九卿掌握大政方针，百官承担具体的职责，巡抚、巡按、六科给事中等纠举肃清，维护风气，陛下考核政纲的实施情况，督促他们做出成绩来。努力去找贤才，任用他们办事，自己就省力了。就像天运于上，四时六气各得其序，君主只要自己有德，感化臣民，不必亲自动手管理一切。天地万物为一体，自有它的道理。百姓安居乐业，形成一片祥和气氛，而陛下自然能够感到真正的快乐和价值。天地是化生万物的，人也有帮助天地化生的能力，可以与天地并列而为"三才"。道与天通，命运可以由我们自己掌握，而陛下自然能够享受真寿。这是真正的道理，转身就能做到，立刻就能见效。要是依旧去服食什么长生不死之药，巴望着能成仙升天，不是道理所在。那么做只能匆忙地散爵禄，让精神徒然地紧张，玄修求长生，是捕风捉影的空想，陛下一辈子求之，究竟得到没得到呢？

君道不正，臣职不明，是天下第一大事。于此不言，更复何言？大臣为保乌纱帽而阿谀奉承，小臣害怕获罪表面顺从，陛下有错误却不知道，不能改正不能执行，臣每想到这里便痛心疾首。所以今天便冒死竭忠，诚恳地向陛下进言。望陛下能够改变心思，转换方向，而天下之治与不治，民物之安与不安都取决于您，若陛下真能采纳，是我宗庙、社稷、国家的幸运，是天下黎民百姓的幸运！